2024年度教育部人文社会科学研究青年基金项目(24YJC890052)资助

3～6岁幼儿基本动作技能发展及运动游戏干预研究

童甜甜 著

中国矿业大学出版社
·徐州·

内容提要

随着国家对儿童健康关注度的提升，幼儿体育作为改善儿童健康的重要途径，其重要性日益凸显。幼儿基本动作技能的发展是未来复杂运动技能的基础，也是幼儿体育发展的核心。本书采用理论与实践相结合的范式展开研究，结合动作发展理论、动态系统理论、教学系统设计(ISD)模型等，探索3～6岁幼儿基本动作技能水平和不同年龄阶段的发展规律，并从幼儿园、家庭等层面寻求其相关影响因素，在此基础上，开发幼儿运动游戏干预方案并在不同年龄段实施，验证干预方案的改善效果。

本书从多种理论出发，结合体育与健康核心素养，确定顶层设计的研究思路，对幼儿体育的核心问题进行多维度探讨，弥补当前幼儿体育研究的不足，对于幼儿体育教学领域的研究具有开拓性，并且推动了与基本动作技能发展相关的研究持续纵深发展，对于当前提倡的实现大中小幼一体化体育教学具有重要意义。

本书可供幼儿体育相关领域的研究生阅读学习，也可为一线幼儿体育教师组织运动游戏教学活动提供参考，还可为社会层面的学龄前儿童体适能培训机构提供借鉴。

图书在版编目(CIP)数据

3～6岁幼儿基本动作技能发展及运动游戏干预研究 / 童甜甜著. — 徐州 ：中国矿业大学出版社，2025.4.

ISBN 978-7-5646-6776-4

Ⅰ. G613.7

中国国家版本馆CIP数据核字第2025DS0718号

书　　名　3～6岁幼儿基本动作技能发展及运动游戏干预研究

著　　者　童甜甜

责任编辑　马晓彦

出版发行　中国矿业大学出版社有限责任公司

（江苏省徐州市解放南路　邮编221008）

营销热线　(0516)83885370　83884103

出版服务　(0516)83995789　83884920

网　　址　http://www.cumtp.com　**E-mail**:cumtpvip@cumtp.com

印　　刷　江苏凤凰数码印务有限公司

开　　本　787 mm×1092 mm　1/16　**印张** 10.75　**字数** 205千字

版次印次　2025年4月第1版　2025年4月第1次印刷

定　　价　48.00元

前 言

新时代背景下国家对国民健康尤其是儿童健康水平关注程度与日俱增，然而，目前儿童的“软”“硬”“笨”“晕”的状况却令人担忧。体育教育作为改善健康的关键路径之一，其关口已经前移至幼儿阶段。幼儿基本动作技能是人类动作发展过程中必不可少的，它预示着个体基本动作模式的成熟，是未来形成更复杂运动技能的基础，更是幼儿体育发展的着力点。基于幼儿基本动作技能的相关研究在国内还处于新兴研究阶段，相关研究成果不多，基本动作技能发展未能有效渗透到幼儿健康领域的学习中，因此我们开启了关于幼儿基本动作技能发展的理论与实证研究，以期能够更好地服务于幼儿的健康成长。

本书共分为九章。第一章为导论。本章主要以幼儿基本动作技能发展为主题词，查阅国内外相关文献，从宏观、中观和微观层面提出幼儿基本动作技能发展的研究背景、目的及意义，梳理关于幼儿基本动作技能发展的研究设计思路和框架。第二章为幼儿基本动作技能发展的研究进展。本章归纳、总结幼儿基本动作技能发展的规律特征，从影响因素、干预研究等角度深入地阐述幼儿基本动作技能发展的研究现状，并对可借鉴经验与不足之处进行了评述。第三章为3～6岁幼儿基本动作技能发展现状的研究。本章选用粗大肌肉动作发展测试第三版(TGMD-3)工具对3～6岁幼儿进行基本动作技能水平测试。从年龄、性别角度讨论幼儿各类基本动作技能水平的差异，细化基本动作技能发展的年龄与性别特征和规律，从而更清晰地把握幼儿基本动作技能发展的现状。第四章为幼儿身体素质水平对基本动作技能发展的影响研究。本章在第三章研究的基础上，选用《国民体质测定标准手册(幼儿部分)》对3～6岁幼儿进行身体素质的测评，分析幼儿身体素质的现状及其对基本动作技能发展的影响。第五章为家庭养育环境对基本动作技能发展的影响研究。本章基于动态系统理论探究家庭养育环境中影响幼儿基本动作技能发展的具体因素。第六章为幼儿园体育运动环境对基本动作技能发展的影响研究。第七章为幼儿运动游戏干预方案的设计研究。本章基于发现的问题，本着解决问题的原则，以 ISD 模型为依据，从幼儿运动游戏干预方案分析、设计、开发、实施和评价五个步骤出发，开发系统性且富有创新性的幼儿运动游戏干预方案。第八章为基于基本动作技能发展的幼儿运动游戏教学干预研究。本章采用实证研究法，运用已开发的幼儿运动游戏干预方案在幼儿园的小、中、大班开展为期 12 周的教学活动，探讨其对于不同年龄段和不同性别幼儿基本动作技能发展和身体素质的影响，总结和归纳经验，为增强幼儿运动能力提供实证依据。第九章为结论。本章主要对研究的主体内容进行归纳与总结，并提出对未来研究的展望。

需要特别说明的是，本书的研究工作得到了华东师范大学体育与健康学院汪晓赞教授、王树明教授、孙辉教授、杨剑教授、董翠香教授、朱伟强教授和尹志华副教授，北京大学董进霞教授，首都体育学院王凯珍教授，上海师范大学马瑞教授，华南师范大学杨宁教授，上海交通大学王坤教授，温州大学赵海波教授，宁波大学郭强副教授，山西大学吕慧副教授等专家的指导与支持，在此致以诚挚谢意。

限于作者水平，书中难免存在不足之处，恳请专家和读者批评指正。

作 者

2025 年 3 月于徐州

目　录

第一章 导 论

第一节 研究背景

一、全球高质量幼儿教育发展的迫切需求

研究表明，受过高质量教育的幼儿能够较好地完成幼小衔接，学习成绩和社会行为表现良好，日后可能较少出现犯罪行为，更有可能获得较高教育成就和收入[1]。从事学校教育的教师普遍认为，学前教育质量所带来的影响大于部分家庭因素，开展有效的学前教育尤为重要[2]。综观全球学前教育课程的框架，新加坡《培养早期学习者——新加坡学前教育的课程框架》中提出掌握粗大和精细运动技能发展的能力[3]；美国《州共同核心课程标准》中提出，幼儿应能够在各种运动技能和运动方式上表现出相应的能力[4]；芬兰颁布的《学前教育国家核心课程》被认为是全世界最优秀的课程标准之一，强调课程采用游戏教学法，重视在玩中学，倡导为幼儿提供积极的经验和参与机会，使儿童在日常生活中养成健康稳定的生活方式[5]；日本《幼儿园教育纲要》强调幼儿园和小学教育的连续性，整合幼儿园、家庭、社区等影响幼儿发展的各种因素，注重幼儿教育的一体化和同步性，促进幼儿教育整体质量的提升[6]。研究显示，除了运动技能发展以外，中国幼儿在其他各领域的技能发展均优于亚太地区其他发展中国家，未来应特别关注儿童运动能力的发展[7]。此外，我国幼儿园还存在办学水平与幼儿动作产出性质量不匹配现象，即优质幼儿园在儿童动作发展方面优势不够，导致儿童运动能力低[8]。

二、体育与健康核心素养发展的明确要求

核心素养聚焦于学生应具备能够适应终身发展和社会发展需要的必备

品格和关键能力，关注“面向未来教育要培养怎样的人”这一核心问题[9]，其本质指向人的终身发展，并对人如何发展和发展什么提出了整体要求[10]。根据国际关于学科核心素养的研究成果，并结合国内广泛调研，将体育与健康学科核心素养凝练为3个方面，即运动能力、健康行为和体育品德[11]。学生学科核心素养的培养与形成需要依赖于先天的基础条件和后天的教育实践，并贯穿于儿童青少年生命全周期。体育总局、教育部印发的《关于深化体教融合 促进青少年健康发展的意见》中指出，树立“健康第一”的教育理念，深化体教融合，促进青少年健康发展，帮助学生在体育锻炼中“享受乐趣、增强体质、健全人格、锻炼意志”，培养德智体美劳全面发展的社会主义建设者和接班人[12]。事实上，体教融合促进青少年健康发展的源头在幼儿阶段以核心素养培育为主线，实现幼儿体育与教育的对接与融合，如学习目标的衔接、学习内容的贯通、教师资源的融合等，均有利于幼儿体育的整体性发展。幼儿体育发展的关键内容是学练基本动作技能。发展基本动作技能不仅有利于未来实现“熟练掌握至少一项运动技能”，还能通过基本动作技能学习，发展与运动相关的认知能力，以及培养良好的生活卫生习惯、基本的安全和自我保护能力、规范的社会行为和坚强的意志品质，逐渐养成健康积极的生活方式等，为核心素养的培育奠定基础。

三、我国幼儿运动能力不足的现实困境

有关研究机构调研了中国3～6岁幼儿四年间的体质情况，结果表明：四成以上的幼儿动作不协调；速度、耐力、爆发力、平衡性、协调性、柔韧性以及大小肌肉、上下肢力量严重不足者近半[13]。对比全国幼儿体质监测数据和日本国民体力及运动能力调查报告，无论男、女幼儿，我国6岁儿童的上手投掷、立定跳远能力均低于日本。对于幼儿在园内的身体活动，表现出静态性活动偏多，而中等到大强度的身体活动不够充分[14]。另有研究显示，上海市幼儿的运动协调障碍（含疑似）发生率达12.3%，运动协调障碍出现了低龄化发展趋势[15]。上海市幼儿的身体素质水平现状并不乐观，总体上处于合格水平，在力量和平衡能力上表现较差，存在着“男弱女强”的特点，且随着年龄的增长，身体素质合格率呈现下降趋势[16]。根据这种严峻形势可以从一定程度上推测出，青少年体质滑坡的根源可能需要追溯到学龄前阶段，甚至2岁之前[17]。运动能力不足不仅导致幼儿疾患频发、影响日常出勤

率、降低参与体育游戏活动的积极性,更易形成体质差、爱生病和不活动三者相互影响的劣性负向循环。

第二节 研究目的与意义

一、研究目的

本书以幼儿基本动作技能为切入点,梳理国内外关于3～6岁幼儿基本动作技能发展的研究现状与发展趋势,借助关键期理论和动作发展模型理论指导上海市3～6岁幼儿基本动作技能的发展现状分析,基于动态系统理论从幼儿个体身体素质、家庭养育环境及幼儿园体育运动环境等层面探讨对幼儿基本动作技能发展的影响,明确主要的影响因素。在此基础上,依据ISD模型设计和开发有利于幼儿基本动作技能发展,具有系统性、创新性、科学性的运动游戏干预方案,并对不同年龄阶段的幼儿实施教学干预,检验其对幼儿运动能力的影响效果。以此为幼儿掌握基本动作技能的发展提供实施路径,更精准地为幼儿体育发展指明方向、为幼儿健康发展提供参考与借鉴。

二、研究意义

(一)引导教师科学开展幼儿体育运动,提升幼儿体育教学水平

由于3～6岁幼儿身心发展水平差异较大,只有充分尊重幼儿个体发展差异,深刻理解幼儿的身心发展特征和学习方式,明确掌握幼儿基本动作技能发展的特点和相关影响因素,幼儿教师才能更充分地理解基本动作技能的内容和知识,为幼儿提供适宜的动作学习内容,更有效地进行互动与交流。对幼儿而言,这既符合他们的身体生长发育规律,又满足他们的身体发展需求。从幼儿教师角度来讲,有助于他们从根本上理解幼儿在动作发展不同阶段出现的各种变化,更好地制订和完善科学的幼儿基本动作技能发展计划,科学有效地把控体育教学活动,进而引导和鼓励家长支持幼儿在家庭中进行基本动作技能练习。

(二)注重核心素养理念的早期渗透,引领幼儿体育的科学发展

既有的调查发现,在实施幼儿健康教育的过程中,存在着家长过度重视

幼儿安全保护而忽视生活习惯、重视身体健康而忽视社会适应，幼儿园健康教育重视体育锻炼但缺乏理念提升、忽视幼儿兴趣等问题[18]。当前核心素养已成为指引全球教育改革的风向标，是落实教育目标的重要引擎和抓手，尤其提出学科核心素养的启蒙培育应从 3～6 岁幼儿阶段开始，以培养、支持和鼓励动作发展的形式体现。在幼儿健康领域学习中以基本动作技能发展为载体，融合与渗透运动能力、健康行为、体育品德的关键要素，既是尊重幼儿动作发展的客观规律，又是激发幼儿运动学习兴趣、培育幼儿健康生活习惯、增强幼儿社会适应性的重要途径。本书从幼儿教师、幼儿家长的视角调查关于幼儿基本动作技能发展的影响因素，以期不断改善幼儿家长与幼儿教师的教育理念，进一步强化家幼互动的内容知识，有效提升双方的运动认知水平，努力实现幼儿体育的科学化发展。

（三）丰富幼儿动作发展的关键经验，为幼儿健康发展提供理论指导

《3～6 岁儿童学习与发展指南》对幼儿健康领域的内容提出了合理的期望，这些经验内容在幼儿的经验系统或经验结构中起着节点和支撑作用，通过整合和跨越关键经验来建立经验间的联系，有助于幼儿在直接经验的基础上学习上位概念，获得适度发展[19]。幼儿基本动作技能学习经验为其他领域经验提供了活动载体，以此不断积累认知经验。幼儿教师也可以寻找不同领域与基本动作技能发展的契合点，并将其渗透和融入其中，实现跨领域知识的融合，便于充分选择、挖掘课程资源，丰富课程体系的内容和形式。幼儿基本动作技能发展的关键经验有利于他们在不同领域获得广泛、深入的体悟，同时，这些关键经验也是未来他们提高运动能力、养成体育锻炼习惯的基础和动力。幼儿教师熟知幼儿基本动作技能发展的关键经验，促使幼儿能够更为清晰地认识和理解基本动作技能发展的目标和过程，在日常活动中为幼儿提供更加多元化的体育运动环境，促进幼儿健康发展。

（四）健全幼儿基本动作技能干预体系，推动幼儿课程理论的建设

《健康中国行动（2019—2030 年）》中指出，为积极应对当前突出的健康问题，必须关口前移，采取有效干预措施，提高生活质量，延长健康寿命[20]。3～7 岁儿童基本运动技能形成有利于后续运动技能发展与衔接，奠定终身体育参与的重要地位，将运动技能学习起点前移至 3 岁，合理制定各阶段学习目标和练习内容，为有效运行青少年健康促进政策机制提供技能保证[21]。就此推断，幼儿基本动作技能的干预将成为解决儿童健康问题的现实途径

之一。对于学前教育而言，幼儿基本动作技能干预体系的健全不仅成为推进幼儿健康领域发展的核心，更有助于幼儿教师准确评价儿童健康发展水平。因此，厘清幼儿基本动作技能的现状，并针对相关问题设计与实施有针对性的教学干预策略，通过科学理论指导，提升实践效果，重塑幼儿个体、家庭、幼儿园对于幼儿健康发展的重要作用，加强幼儿理论与实践之间的对话，解决“培养什么样的幼儿，怎样培养幼儿”的问题，这对于幼儿健康课程理论建设是一种新的突破和创新。

第二章　幼儿基本动作技能发展的研究进展

第一节　相关概念界定

一、基本动作技能

基本动作技能(fundamental movement skills,FMS)属于动作发展的范畴,是个体动作发展到一定阶段的产物。纵观中外历史,动作发展第一个阶段研究为19世纪末20世纪初,这一阶段主要在自然遗传和养育环境之间展开讨论;20世纪中期前后,开始强调生物成熟论;20世纪中后期,研究重点转移到个体的动作发展;20世纪末,动态系统理论的提出使得对动作发展的研究开始由结果导向转向过程导向[22];21世纪,动作发展的研究重点又转变为动作行为的不同方面[23]。这一系列的转变体现出动作发展的研究逐步从先天决定性过渡到后天发展的讨论,从对动作本身的关注转移到对个体动作行为的关注。这种转变拓展了动作发展的外延,更丰富了动作发展的内涵。

基本动作技能由基本动作模式发展而来。所谓基本动作模式,是整合主要运动反射模式,如原始反射、姿势反射、走路反射等,在各种复杂或专门化动作模式之前出现,为各种高级活动形成神经肌肉基础。只有当各个基本动作模式出现后,并表现出一定的动作质量和功能时,才能够进一步增加运动量或者运动强度,去练习各种专门技能[24]。随着时间的推移,当个体的基本动作模式发展至成熟之后,就进入了基本动作技能发展阶段[22]。

学界对基本动作技能概念的解释,随着不同的历史阶段有所变化。最早在1977年,Wickstrom[25]将涉及动作领域的基本动作技能定义为:具有达成一定目标的动作能力,是更先进和更具体运动活动的基础,包括跑步、跳跃和投掷等技能。后有 Clark 对基本动作技能又进行了定义，他认为基本动作技能是指涉及身体部位，如手臂、大腿等大部位可以发力的肌肉，用来实现动作任务或目标。具体而言，是人在遗传获得运动基因基础上所形成的生存、生活、工作、学习和专项运动技能所必备的一种基本运动能力[26]。Ulrich[27]则认为让身体从一个位置移动到另外一个位置，或者抛、接物体，尤其是抛接球的动作行为属于基本动作技能。Gallahue 等[28]将基本动作技能定义为基本的运动学习模式，是身体不同部位（头、手、手臂、腿、臀、腰、脚等）的协调组合动作，它们不是自然发生的，被认为是更复杂的身体和运动活动的基础。综上，从时间发展来看，学者对基本动作技能的概念和分类逐渐从模糊趋向于具体，从动作能力转换到基本动作模式，关注度从动作结果转移到动作过程。根据本书研究的需要，沿用学者 Gallahue 等的观点作为基本动作技能的概念。

关于基本动作技能的分类，动作发展山峰理论提到，基本动作技能主要分为身体移动技能和物体操控技能（又分为粗大动作技能和精细动作技能）两类，是个体通过与环境互动完成基本动作模式的各种技能[29]。Gallahue 等[30]将基本动作技能分为三类，即稳定性动作技能、移动性动作技能和操控性动作技能。所谓稳定性动作技能，指身体保持在原位但绕其水平轴或垂直轴移动和维持姿势稳定的过程。移动性动作技能，指身体在垂直或水平方向上从一个点移动到另一个点，如走、跑、跳、爬、翻滚等。操控性动作技能，涉及给物体施加力量或从物体接收力的运动。本书聚焦幼儿粗大运动技能方面，沿用学者 Gallahue 等的分类方式，即稳定性动作技能、移动性动作技能和操控性动作技能。

二、运动游戏干预

从游戏的角度而言，运动游戏有时也被称为练习游戏，包括所有的体能游戏、操作游戏、探索游戏（探索自己和他人的身体，以及周围环境的物体），还包括运用粗大肌肉的移动游戏、打闹游戏。运动游戏发展过程中有很多重要的节点，幼儿的身体发育、活动能力随之增强，能更好地运用粗大、精细肌肉获得更强的控制力、平衡感和协调性[31]。邹海瑞[32]认为运动游戏可以理解为以运动作为主体、以游戏作为手段、以教育作为指导、以培养幼儿基础能力和身心发展为目标的活动。也有学者认为运动游戏是将游戏作为媒介，采用运动的方式，通过幼儿简单的游戏活动实现对身体动作的学习和掌握器械操控的使用，获得教育的价值，达到教育的目的[33]。刘建进等[34]基于福禄培尔的幼儿体育思想，提出运动游戏是儿童自我表现的中介，隐含着儿童社会能力的培养，是儿童自然发展的活动。从不同学者对运动游戏的概念阐释可以看出，运动游戏有几个重要的共同元素，即身体运动、物体控制、基础能力、游戏和教育目的。

干预研究作为流行病学的研究方法之一，是为了观察某项预防措施的效果，或改变环境以降低、消除某种因素对疾病产生的影响，或在群体中进行的前瞻性研究，以此评价预防措施或证明某种因素的效果[35]。也可以理解为根据个体的发展特点和规律，进行有组织、有目的的丰富环境的教育活动，促进个体发展，减少风险[36]。干预的关键是对不同阶段的个体采用与其相匹配的干预策略，以促进个体行为的积极改变[37]。

由此，本书的运动游戏干预是指幼儿教师以幼儿发展为中心，通过游戏的手段，以身体运动为载体，引导幼儿积极参与到有组织、有目的的促进基本动作技能发展的体育运动中，体现运动游戏的育人价值，增进幼儿的身心健康。

第二节　幼儿基本动作技能发展的理论基础

一、关键期理论

关键期源于洛伦茨于 1937 年所发表的《鸟类世界的伙伴》一文中提出的“印刻”概念，印刻发生的特定时刻为关键期，并且生物对印刻的对象不会忘记，同时对被印刻的对象一生产生深远影响，这种印刻的发生具有非强制性，是客体自发的行为。之后，关键期概念被应用于发展心理学领域中，一些专家学者根据生活教育经验或科学研究提出儿童各方面发展的关键期，如：1～3 岁为口语学习的关键期，0～4 岁为形象视觉发展的关键期，5 岁左右为掌握数概念的关键期等[38]。

关键期指人或动物某些特定的反应或某种特点的行为突变存在一定的时间阶段，如果此时给予适当的良性刺激，会促进其更好地发展；也可以理解为在某一时间阶段中，通过环境的刺激获得经验，最有可能发展某一特定的行为[39]。但关键期并不意味着某一经验没有在特定的时间点出现，其发展就会受到抑制，或者习得某种能力就一定在某一固定的时间段，而是在某一时间阶段，某一经验可能对某个领域的发展更容易、刺激更敏感。

Gallahue 等[30]指出，在人生早期阶段缺少合适或足够的经验，比在人生后期缺少合适或足够经验的负面影响更大。因此，在幼儿阶段，提供丰富的身体体验机会，对于促进典型或高级的动作发展极其关键。蒙台梭利提出，儿童在 0～6 岁处于动作发展的敏感期，婴幼儿的标志性动作逐渐出现，如翻滚、坐、站、爬、走等，也称之为动作里程碑[40]，为未来基本运动技能的形成与发展奠定良好基础。在幼儿时期，如果个体能够与运动环境产生持续的良性互动，借助环境带来的机遇和挑战做出适当回应，基本动作技能就会迅速发展起来。在基本动作技能形成时期，若未得到充分的刺激，能力就会落后，而且随着关键期的“窗口关闭”，基本动作技能发展将会滞后。因此，依据关键期理论，能够更好地理解幼儿基本动作技能的形成与发展，以及参与和体验各种身体活动的重要性。

二、动作发展模型理论

Gallahue[41]曾用“时钟沙漏”来描述人类动作发展的过程。沙漏中的沙子逐一落到底部意味着人类动作发展各个阶段的变化过程。他同时提出，在青年后期和成年早期，沙漏被倒置，沙子随之出现回流，也就是说，由于家庭和工作的影响，成人掌握的运动技能，甚至维持在儿童阶段所掌握基本动作技能的能力将会逐渐减弱甚至消失。

基于动作发展规律，动作发展沙漏模型（见图 2-1）纵向划分了人在不同年龄阶段的具体发展重点，主要包括四个阶段。第一阶段（＞0～1 岁），即反射动作阶段。这一阶段的反射动作包含两种类型：一为原始反射，如觅食、吮吸、抓握等；二为姿势反射，如走路、游泳、躯体翻正反射等。第二阶段（＞1～2 岁），即基本动作模式阶段。基本动作模式是建立在人体的三个运动轴和面的基础上，按照一定的时间、空间和顺序所进行的一系列协调组合动作。这一时期的动作模式主要包括下蹲、弯身、转体、弓步、步态、提拉、伸/推/撑、上举、翻滚、爬动十类[42]。我们生活中以及运动场上所有的动作，如上下楼梯、拉门、推车、弯腰捡物、跑步、打篮球、踢足球等都是通过基本动作模式叠加组合完成的。第三阶段（＞2～7 岁），即基本动作技能阶段。这一阶段又分为三个阶梯式发展的过程：＞2～3 岁为起始阶段，此时儿童走、跑速度慢，身体容易失去平衡，易摔倒[43]，处于跳跃能力发展初期[44]，能够简单完成踢球和挥击的动作，但欠缺协调性；4～5 岁为初级阶段，此时幼儿的协调、稳定、控制能力有所提升，可以把注意力集中在姿势控制上[45]，幼儿逐步获得正确的步行姿势，能够按照队列沿着指定方向行走，跑步的稳定性提高，跳的能力发展很快[46]，但动作依然受限；6～7 岁为熟练阶段，此时他们已经能够掌握对平衡性有较高要求的动作技能[45]，走、跑的模式已经接近成人。第四阶段（＞7～14 岁），即专门动作和竞赛运动阶段。这一阶段也分为三个阶梯式发展的过程：＞7～10 岁为过渡阶段，这一阶段主要是将基本动作技能组合和应用到日常娱乐、生活和竞赛项目中；11～13 岁为应用阶段，即将基本运动技能转变为专门运动技能；14 岁为基本运动技能的终身使用阶段。

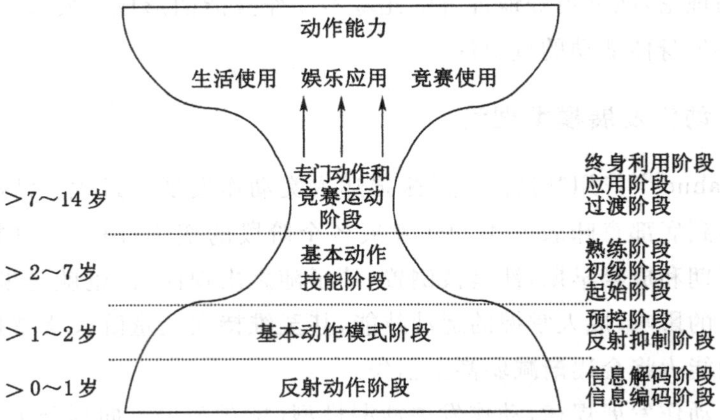

图 2-1　动作发展沙漏模型

三、动态系统理论

动态系统理论（dynamic system theory，DST）表明动作发展是一种动态过程，运动技能表现受到个人、任务和环境等动态化因素的影响[47]。根据动态系统理论可知，运动能力是非线性的、动态的，具体受内部因素、外部因素和多个子系统的共同影响。由于受到关键要素及其相互作用的影响不同，所以每个人所体验和表现的运动技能发展水平也会有所不同[28]。

动态系统理论最主要的特征在于由多种变量构成，这些变量相互联系并处于动态发展中[48]。基于动作发展领域的研究视角，透视动态系统中个体、环境、任务等约束条件相互作用产生影响，Newell 等[49-50]开发了一种约束或者影响儿童运动表现的路径(见图 2-2)。

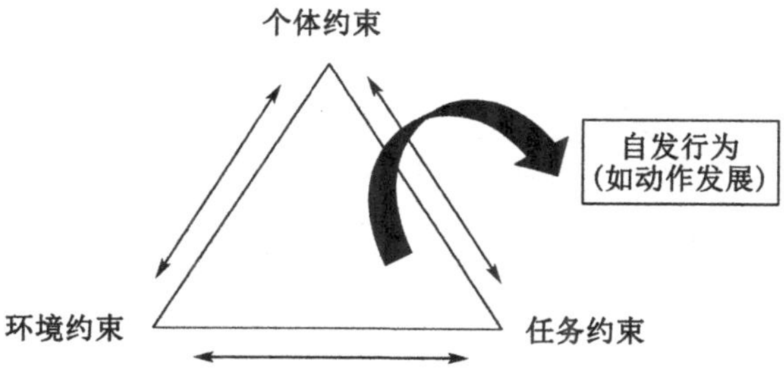

图 2-2　Newell 的动态系统理论模型

个体约束，指个体独特的结构性（如身高、体重）和功能性特征（如动机、注意力）[51]，以及个体认知环境的变量（如感知运动能力、执行功能等）。个体身心约束会成为激发动作表现的内在重要因素，从而发挥个人最大努力。

环境约束，指个人以外存在的一切，如温度、一天的时间、空间等[52]。Hutzler[53]进一步丰富环境约束的内容，包括社会（如同伴、父母、专业态度和支持）和身体障碍（如运动可达到水平）[53]。本书认为还存在其他社会环境的变量（如父母参与的体育运动、与同伴的交往等）和教学环境的变量（如活动内容、教学方法等）。

任务约束，包含运动本身所涉及的所有内容，这些约束包括任务的方向（如保持个人空间）、移动目标（如快速或缓慢），或者正在使用的器材设备等。

动态系统理论从动作发展角度帮助我们更好地明确幼儿基本动作技能发展，也更容易理解幼儿基本动作技能水平的变化及其主要影响因素。

基本动作技能作为幼儿健康领域的重要内容，同时作为幼儿认知发展的关键载体，理应受到学前教育工作者的高度重视。对于幼儿而言，无论是幼儿园还是家庭，其教育的本质具有同一性，都是为了帮助幼儿获得终身发展所需要具备的品质和能力[54]。教育部印发的《幼儿园教育指导纲要（试行）》提出家园共育的教学理念，要求家庭与幼儿园积极主动地相互了解、配合与支持，通过彼此的双向良性互动促进幼儿的健康发展[55]。家庭和幼儿园为幼儿提供与基本动作技能发展相适应的情境场，幼儿有机会亲身体验和参与其中，家长与幼儿教师的互动与合作情况决定着幼儿与情境互动的程度与效果，从而影响幼儿基本动作技能的发展(见图 2-3)。

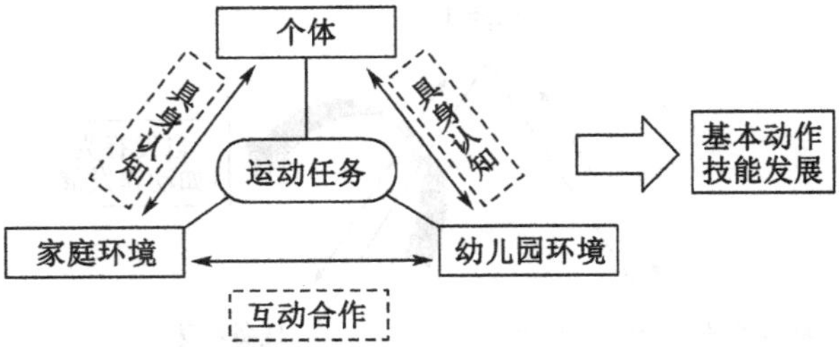

图 2-3　幼儿基本动作技能发展的影响因素框架

四、ISD 模型

ISD 模型是教学系统设计模型，它遵循传播理论、学习理论和教学理论的基础，运用系统理论的观点与方法，通过对教学或培训活动进行有效分析、设计、规划和安排，从中找到最优方案的开发模型(见图 2-4)。它最早应用于军事和工业培训领域，之后逐渐被应用到学校教育中[56]。

ISD 模型可以在运动游戏干预方案的开发部分起到指导作用。这一模型的应用主要包括 5 个环节：分析、设计、开发、实施和评价(见图 2-5)。这 5 个环节也为幼儿运动游戏干预方案的开发提供了理论依据，在设计运动游戏干预方案时还需要考虑以下关键内容：首先，要重视分析和了解幼儿的学习特点、动机和兴趣等，这样开发出的方案才更符合这一群体的需求，从而提高他们参与运动游戏的积极性；其次，明确运动游戏干预方案的目标，既要考虑干预的总体要求，也要考虑具体目标要求，还要考虑不同年龄段幼儿的不同兴趣需求；再次，选择运动游戏干预方案内容，遵循幼儿的特点和规律，对运动游戏内容进行组合、变化和迁移，使之能够与幼儿动作经验和知识积累产生联结和共鸣；最后，变化幼儿不同的学习方式，重视合作与探索，使幼儿发挥想象力，充分体现幼儿主体地位。

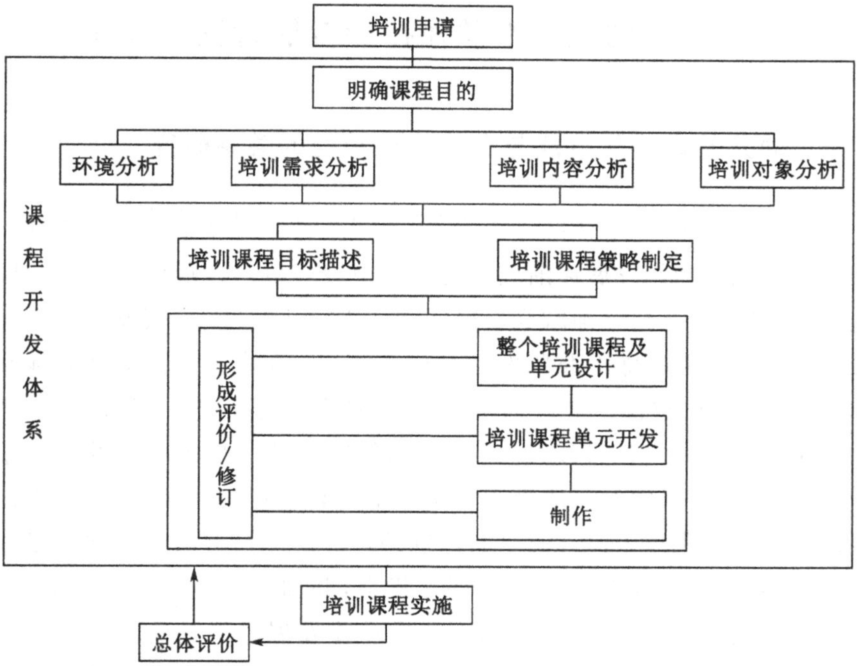

图 2-4　ISD 模型示意图

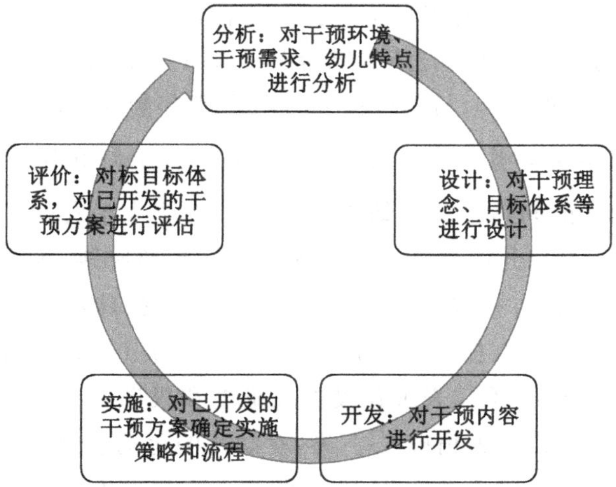

图 2-5　ISD 模型在运动游戏干预方案中应用的步骤

第三节　幼儿基本动作技能发展特征与规律

一、幼儿基本动作技能与个体生理特征的关系研究

（一）幼儿不同类型的基本动作技能发展一定程度上存在年龄差异

幼儿在跑步动作发展逐渐成熟的过程中，步幅加大，蹬地时支撑腿膝角完全伸展，摆动腿膝角逐渐减小。根据幼儿不同年龄阶段，其发展重点有所区别，3～4岁着重锻炼下肢肌肉与身体平衡，4～5岁重视前脚掌着地和蹬地，5～6岁则需要重视全身协调发展[57]。有学者发现，3～6岁幼儿上手投掷水平未随着年龄增长呈线性上升，不同年龄组幼儿投掷动作的引导重点有所不同[58]。5～6岁幼儿的投掷动作类型具有一定的性别差异，但不同年龄段幼儿的投掷距离未出现明显的性别差异。幼儿投掷动作变化未必以年龄为基准，若幼儿能够获得一定的练习机会，并加以正确指导，投掷动作将发生质的改变[59]。3～6岁幼儿的大肌肉动作发展水平随着年龄增长不断提高，其中移动性动作技能较球类动作技能发展较好[60]。幼儿的移动动作技能和操控动作技能并非同步发展，前者快于后者。从时间阶段来说：3～4岁幼儿侧重发展移动性动作技能；4～5岁幼儿操控性动作技能逐渐发展，这一阶段可以通过移动或者其他肢体运动控制物体；5～6岁幼儿则主要培养其移动性动作技能与操控性动作技能的结合[61]。综上，幼儿的基本动作技能发展过程存在一些规律性特征，与年龄有一定关系，但年龄并不是决定性因素。

（二）幼儿不同类型的基本动作技能发展因性别而有所差异

3～6岁幼儿的同龄组中男幼儿球类动作技能优于女幼儿，男幼儿移动性动作技能优于女幼儿（3岁低龄组除外）[62]。在单脚跳、侧滑步项目上，女幼儿明显好于男幼儿；在踢球、击固定球以及上手投球项目上，则是男幼儿明显优于女幼儿[63]。在投掷动作技能上，性别差异比年龄差异更为明显，男幼儿存在明显优势，这不仅表现在投掷准确度和投掷距离上，而且男幼儿选择投掷目标比女幼儿更为精确[64]。男、女幼儿的运动能力水平都比较低，男幼儿的物体操控技能优于女幼儿，在踢球和上手投掷方面更为突出，女幼儿在跑步、单腿跳和马步跑动作表现上更为突出[65]。3～4岁女幼儿在总分、精细动作技能和平衡指标上都优于男幼儿；5～6岁幼儿在测试总分和平衡

指标上没有显著的性别差异，但 6 岁男幼儿在精准度和抓握方面的表现显著优于女幼儿。整个幼儿阶段，他们的基本动作技能存在明显的性别差异，而且这种差异并不均衡[66]。综上，上述学者的观点较为一致，主要表现为：在操控性动作技能，尤其是投掷项目方面，男幼儿略好于女幼儿；在移动性动作技能，尤其是跑、跳方面，女幼儿更为突出。但关于其他项目在不同年龄段方面的差异少有涉及，且不同年龄段幼儿的不同动作技能发展的速度可能有所不同，未来的研究中可进一步挖掘幼儿不同类型基本动作技能发展的规律。

二、幼儿基本动作技能与个体身体素质的关系研究

（一）身体形态对幼儿基本动作技能发展的影响不明确

幼儿从 1 岁到儿童中期的身体质量指数（BMI）逐渐下降，5～6 岁时下降到最低，之后再上升，这个上升称为“脂肪重聚”[67]。也就是说，如果幼儿在幼儿园阶段参与有组织的体育运动，其 6～10 岁的 BMI“脂肪重聚”的速度就会低于未参与的同龄人[68]。与体重正常的幼儿相比，超重、肥胖儿童的动作协调性发展较差，对于需要身体在空间移动的项目表现也会欠佳，整体的动作技能水平较低[69]。类似地，有研究者认为肥胖幼儿比健康体重同龄人的动作技能水平更低，最大的差异表现在移动性动作技能和平衡性动作技能上[70]。虽然 BMI 与幼儿的基本动作技能水平之间未见显著性差异，但推测超重、肥胖幼儿的运动能力可能低于正常体重或体重不足的同龄人。对于幼儿而言，BMI 与动作熟练程度是有直接关系的[71]。肥胖对幼儿粗大运动技能发展产生不利影响，同龄的超重幼儿在完成移动性动作技能和操控性动作技能任务上表现更差[72]。有一种情况表现为正常的 BMI，但身体有过多的脂肪，称为正常 BMI 型肥胖。对比正常 BMI 型肥胖、正常 BMI 型非肥胖及超重、肥胖的幼儿，正常 BMI 型肥胖的幼儿动作技能总分最低。此外，正常 BMI 型肥胖幼儿发生严重运动技能缺陷的概率要比正常 BMI 型非肥胖的幼儿高出 3 倍以上。这同时说明正常 BMI 型肥胖的幼儿面临的健康与运动问题的风险更高[73]。综上所述，关于 BMI 与基本动作技能发展水平的关系研究对象主要集中在儿童青少年，关于幼儿的研究并不多见。BMI 可能与幼儿的基本动作技能发展水平有一定关系，这一观点仍需要在未来进一步验证。

（二）基本动作技能发展可动态预测幼儿身体素质水平

个体的动作发展水平既是判断和监测健康状况的外在表现，又是监测身体素质水平的基础因素，身体素质水平的改善需要依赖于个体动作发展水平的提高。有研究显示，基本动作技能与身体素质水平存在中低度相关，可以通过发展幼儿的基本动作技能来提升其身体素质水平[74]。具体而言，与幼儿身体素质水平密切相关的基本动作技能有跑步、单脚跳、女幼儿的侧滑步和抛球、男幼儿的拍球和击打固定球，幼儿基本动作技能的获得有助于促进其身体素质水平的提升[75]。5～6岁幼儿的网球掷远和走平衡木项目与手部精细动作技能及动、静态平衡能力呈正相关，立定跳远和双脚连续跳与手部精细动作技能相关[76]。基本动作技能练习和常规户外体育练习能够提高幼儿的身体素质成绩（坐位体前屈除外），增强幼儿的灵敏性、爆发力、平衡能力、协调性、下肢力量和腰腹部力量[77]。类似地，国外学者的研究发现，基本动作技能测试分数能够有力预测所有健身指标，但操控性动作技能比移动性动作技能更能预测体适能。教育工作者应考虑在幼儿阶段教授基本动作技能，而不仅仅是一般的身体活动，从而提高幼儿长期的健康水平[78]。4～6岁幼儿运动能力和体适能之间显著相关，可能因为通过积极的身体活动为幼儿提供更多促进动作能力的经验和时间的机会[79]。另有研究表明，动作能力和最大摄氧量峰值直接影响幼儿肥胖，动作能力作为中介变量影响中高强度身体活动（MVPA）及肥胖之间的关系[80]。幼儿的基本动作技能水平越高，其肌肉骨骼耐力水平就越高，提升幼儿基本动作技能的水平，有助于儿童青少年时期的身体素质发展[81]。综上，国内关于幼儿基本动作技能与身体素质水平的关联性整体上表现为一定的相关性，国外关于幼儿基本动作技能发展水平对于身体素质的影响，纵向研究结果体现出了某种程度上的不确定性，表明随着年龄的不断增长，基本动作技能水平对身体素质的影响受到其他更多复杂、多元因素的共同作用。

三、幼儿基本动作技能与身体活动的关系研究

幼儿身心发展特点决定了他们的学习与生活一般在身体活动中实现。明晰幼儿基本动作技能与其身体活动的关系，有助于通过身体活动影响基本动作技能，与此同时，更好地将基本动作技能发展融入幼儿一日的学习与生活中。研究发现，幼儿户外活动强度随着年龄的增加而增大，并推测可能

与动作技能发展和认知水平的提升有关[82]。球类活动、便携式器材等有利于促进幼儿的中高强度身体活动，但同时也强调这是建立在幼儿掌握了相应动作技能的基础上才有可能发生的[83]。在性别方面，女幼儿更侧重于移动性动作技能，男幼儿更侧重于操控性动作技能。在两种动作技能类型中，操控性动作技能比移动性动作技能对身体活动的影响更明显[84]。

在不同的年龄阶段，基本运动技能对身体活动水平发挥了起始、维持或衰退中的作用，在不同的发展阶段，影响关系也有所不同，同时还需考虑环境、家庭、同伴、社会经济等不同因素在其中的影响作用[85]。具体地，球类动作技能与男幼儿身体活动呈正相关，移动性动作技能与女幼儿身体活动水平呈负相关，性别和基本动作技能的不同类型可能会影响基本动作技能与幼儿身体活动之间的关系[86]。基本动作技能与儿童早期以及青春期的身体活动之间存在从低到中等的关系，儿童中后期存在从低到高的关系。在儿童青少年年龄段，球类动作技能和移动性动作技能分别与男孩和女孩的身体活动密切相关，未来的研究应强调实验和纵向研究设计，以进一步了解基本动作技能与身体活动之间的关系[87]。

另外，还有一些证据初步表明，幼儿基本动作技能和身体活动之间的关系在周末和工作日之间存在差异。基本动作技能总成绩在周末中到大强度的身体活动方面呈显著性差异，但在工作日的身体活动方面未有明显差异。无论是球类动作技能还是移动性动作技能，都对于改善幼儿工作日和周末活跃的生活方式有重要作用[88]。对于男幼儿而言，不太活跃的娱乐性身体活动与基本动作技能无关，而活跃的娱乐休闲身体活动或有组织性的身体活动能够至少预测基本动作技能的一种类型。对于女幼儿而言，基本动作技能熟练程度既无法预测其是否会参与娱乐性身体活动，也不是积极参与身体活动的结果。未来应更多关注女幼儿基本动作技能水平与参与不同活动之间的关系[89]。体育课上，幼儿移动性动作技能的学习对于身体活动水平的提升有促进作用，对于身体活动不活跃的幼儿，尤其是女幼儿，应该在体育课上加强移动性动作技能的学习[90]。由此可知，基本动作技能对于促进幼儿的身体活动至关重要，彼此之间的关系受性别、身体活动的强度、基本动作技能的类型和活动时间等因素的影响，未来研究有必要阐明两者的因果关系，检查潜在的异质性，并确定环境在幼儿运动技能和身体活动关系中的作用[91]。

综合国内外幼儿基本动作技能发展规律和特征的研究现状，可以看出，幼儿基本动作技能的发展与个体的生理特征、身体素质、身体活动强度和时间、学业成绩等关系较为密切。从研究结果中总结出以下几点思考方向。

首先，对于幼儿基本动作技能发展，要重视年龄、性别、不同类型动作技能对其产生的影响，就已有的研究成果而言，都一定程度上呈现出基本动作技能水平存在年龄、性别、类型上的差异。目前普遍对幼儿的差异性分析以1岁为一个分界线，然而，幼儿身心水平在超过6个月的阶段后可能会有差异性。因此，我们可以考虑进一步细化幼儿的年龄节点，以每0.5年为一个节点，深入挖掘幼儿动作发展的客观规律。

其次，幼儿基本动作技能与幼儿身体素质水平之间关系的研究还有待进一步深入。关于这两者之间的关系，较多研究者从整体上证实彼此之间的正相关关系，但由于各国关于幼儿身体素质水平测试指标有所不同，测评基本动作技能的工具也有一定的差异。国内关于此类研究虽已出现了部分成果，但因样本量过小，存在缺乏普遍性与代表性不足的弊端。因此，难以科学推测国内幼儿基本动作技能水平和身体素质水平之间的关系。

最后，幼儿基本动作技能与身体活动相互促进，由于身体活动水平有强度、时间及类型上的不同，对幼儿基本动作技能产生的影响也不同。除此之外，基本动作技能的发展可能与其他运动环境有着更为紧密的关系。因此，在幼儿基本动作技能的发展中，应充分重视对持续一定时间的、结构化的、中高强度身体活动的干预，以及关注家庭、幼儿园环境等对幼儿产生的积极效应。

第四节　影响幼儿基本动作技能发展的动态分析

一、养育环境对幼儿基本动作技能发展的影响研究

（一）家庭养育环境对幼儿基本动作技能发展的影响

1. 家庭周边运动环境影响幼儿基本动作技能发展

国外有关研究表明，幼儿时期的养育条件对于幼儿运动发育具有重要意义[92]。具有各种游戏材料和足够空间的最佳家庭环境可以改善儿童在不同年龄段的运动能力[93]。即使家庭环境受限，家庭也有机会为生活在其中的儿童提供积极的运动刺激。家庭运动器材项目较多、家庭附近有安全运

动游戏场所、兄弟姐妹较多、家庭附近同龄玩伴较多的幼儿，拥有较好的运动能力表现[94]。有动作发展风险的幼儿可能因为家庭中缺乏身体活动的设备，导致对基本动作技能的标准降低。因此，支持性家庭物理环境可能有助于培养幼儿的基本动作技能[95]。家庭所在小区有无院子的幼儿在移动性动作技能上有显著差异，对于幼儿动作技能发展而言，在很大程度上取决于家长的体育教育态度、亲子运动行为的方式等[96]。

2. 家庭养育环境影响幼儿基本动作技能发展

家长对幼儿动作认知水平与幼儿的移动性动作技能、操控性动作技能和基本动作技能总分均呈正相关。此外，家庭成员参与体育运动与其也有相关性[97]。幼儿的年龄、性别、非结构化的运动参与、家庭设备、参与舞蹈等都对个体基本动作技能有影响，参与不同类型的基本动作技能，设置与幼儿相关的具体情境与幼儿动作技能密切相关[98]。以往研究表明，母亲会过高估计自己孩子在一些活动中所表现的运动能力[99]，甚至有些家长认为自己的孩子会自然而然地掌握基本动作技能[100]。事实上，身体活跃的父母，其孩子在锻炼身体和基本动作技能方面的得分高于父母没有锻炼身体的孩子[101]。超重、肥胖父母的孩子可能面临发育迟缓的风险[102]，这也与近期的一项研究结果相似，即父母肥胖与幼儿的精细和粗大运动技能之间存在负相关性。研究显示，父母所感知的儿童运动协调只与移动性动作技能呈正相关，但并不清楚关于球类动作技能的情况，其原因可能是父母缺乏运动技能发展知识[103]。

此外，父母受教育程度是与幼儿移动性动作技能正相关的唯一因素，受教育程度较高的家长，他们与孩子的互动更多，也会有更多的户外活动[102]。父母的信仰和行为有可能影响幼儿的基本动作技能表现。男幼儿的基本动作技能发展与父母对动作发展和幼儿参与体育运动的认识、父母对幼儿课外参与社区体育俱乐部的认识及幼儿身体活动偏好有积极的关系。对于女幼儿而言，父母对参与体育运动的重要性认识、母亲对体育运动的参与与其基本动作技能发展有积极关系[104]。还有学者曾研究父亲参与体育运动对于幼儿基本动作技能发展的影响，发现父亲的文化程度与父亲参与幼儿基本动作技能活动密切相关，父亲积极参与幼儿的体育运动有利于幼儿基本动作技能发展水平的提升和改善[105]。

家庭社会经济地位(SES)也被学者认为是基本动作技能发展的影响因

素之一，与较低 SES 家庭中的儿童相比，来自较高 SES 家庭中的儿童具有更多的环境刺激，并且在运动、社交、语言和认知发展领域获得更高的分数。研究人员强调，父亲大多数影响儿童的运动和社会发展，而母亲则大多数影响他们的语言和认知发展[106]。关于家庭社会经济水平的研究表明，更好的财务状况可以影响家庭中的游戏材料、物品和玩具的数量和质量等，为发展中的儿童提供练习基本动作技能的机会[107]。

（二）幼儿园体育运动环境对幼儿基本动作技能发展的影响研究

1. 幼儿园户外设施与空间影响幼儿基本动作技能发展

幼儿园的户外环境是幼儿在园内与自然界直接接触的关键场所，户外环境中的场所、空间、流线、元素与幼儿知觉系统相适应，其具身性特点有助于体能、认知、语言等领域的快速发展[108]。幼儿园应适当控制大型设施，丰富自然环境，合理设置开放性空间以增加幼儿活动频率和提高活动水平[109]。具备较大游戏区域的幼儿园儿童在移动性动作技能方面表现较好，在操控性动作技能方面表现较差[106]。增加便携式游乐设备（跨栏、篮球等）可显著减少久坐行为，并能够增加 3～5 岁幼儿休息时间内的身体活动[110]。

2. 幼儿教师体育教学策略影响幼儿基本动作技能发展

在特定的教学活动中，选择和利用恰当的教学策略是进行有效教学的重要途径。幼儿运动活动的组织与指导、运动互动和运动表现各维度之间存在正相关关系[111]。较少人数班级的幼儿有更多的技能练习时间、更多的运动时间和更少的管理问题；较少人数班级的体育教师有更多机会与学生互动，改善课堂学习氛围[112]。比如，幼儿的跑步可以以集体活动和体育游戏的形式展开，借助示范、讲解、练习，在丰富的情境游戏中练习正确的跑步动作。教师可以适时提醒幼儿跑步的动作要点，对待中小班和大班幼儿的教学方法应有所区别，不断提高幼儿的移动性动作技能水平[57]。

二、运动干预对幼儿基本动作技能发展的影响研究

（一）国内外关于幼儿基本动作技能发展的课程干预研究

1. 动作教育课程干预研究

学者以动作技能教育目标为依据，将幼儿动作技能划分为模仿—整合—习惯的序列，每个序列下又有相应层级，即感知—试误—定势—协调—

自如一应变，从而组成动作技能过程框架，在此框架下完成具体的利用身体进行移动或与物体一起移动的核心动作经验内容，并由此设计了幼儿小篮球活动教学内容进行验证。实验结果表明，基于核心动作经验指导的体育教学活动对幼儿的基本动作技能发展有积极影响[113]。类似地，研究发现以动作体系为依据的核心动作经验教学能够有效提高幼儿基本动作技能发展水平，效果明显优于传统体育教学[114]。以动作概念和基本动作技能学习为核心的动作教育，能够促进幼儿身体、心理健康和社会适应发展，未来幼儿领域应多开发以发展基本动作技能为主的运动游戏活动[115]。

2. 运动游戏课程干预研究

有学者探索了幼儿运动游戏课的介入对幼儿运动能力产生的影响，选取了4所幼儿园、平均年龄5.65岁的幼儿，在实施12周幼儿运动游戏课的前、后分别进行幼儿运动能力测评；幼儿运动游戏课的活动内容主要是以大肌肉出汗活动为设计主题，搭配幼儿基本动作技能发展的教学安排，进行每次40分钟的完整幼儿运动游戏活动。结果表明，实验组与对照组的幼儿在立定跳远及S形十米穿梭跑两个项目上产生显著差异，幼儿参与运动游戏课会影响幼儿部分的运动能力表现[116]。基于当前国内幼儿领域体育运动目标缺乏系统性、体育运动内容鱼龙混杂、幼儿运动能力不足的困境，研究人员吸取了国外优质幼儿体育课程开发的先进经验，在国内率先研发了KDL幼儿运动游戏课程（大班、中班和小班）。该课程在体育与健康核心素养的引领下，以基本动作技能发展规律为基础，遵循幼儿身心发展特点，以运动游戏为载体，开发了集趣味性、情境性、创新性和实用性为一体的课程内容，最终促进幼儿养成终身参与运动的习惯，真正实现KDL课程的初衷：知之，行之，乐之[117]。运用KDL运动游戏课程对5～6岁幼儿进行课程干预，经过12周后发现，幼儿的动商有了明显的增长，对幼儿的身体素质和运动潜能同样具有积极影响[118]。

3. 幼儿体适能课程干预研究

目前健康体适能课程的促进效果不好，源于它难以兼顾群体与个体干预之间的矛盾，体适能的干预效果在于运动与饮食控制的共同作用[119]。通过幼儿园体适能课程实施与课外体育兴趣课的比较，可以发现体适能课程在幼儿运动能力发展上的积极效果更显著，尤其是在速度、协调、平衡素质方面[120]。经过了持续12周、每周3次、每次35分钟的幼儿体适能训练实验，结果表明体适能训练在提高平衡性、增强爆发力和耐力方面有显著作用[121]。学者运用游戏的形式结合体适能训练对大班幼儿实施了 20 周的游戏体适能课程，结果显示大班幼儿的一分钟跳绳、二十米快速跑、坐位体前屈、篮球运球十米往返绕障碍物项目的合格率或者优秀率都有一定程度的提升[122]。

4. SPARK 运动游戏与娱乐课程

SPARK(sport，play，and active recreation for kids)课程是集运动、游戏、休闲与娱乐为一体的综合体育课程，通过体能和运动技能练习，培养终身参与体育运动的能力[123]。该课程将运动、游戏与娱乐完美结合，切实符合儿童的年龄发展特点，课程内容与实际生活密切联系，带有较强的内容操作性与评价具体性[124]。选择 4～6 岁幼儿使用 SPARK 课程、体操活动和常规活动三种类型体育运动进行教学干预，每周 3 次，共 8 周，结果表明，相比较另外两种体育运动，SPARK 课程在提升基本动作技能方面具有更好的效果[125]。研究者将 SPARK 课程用于探索对自闭症谱系障碍(ASD)儿童运动和行为技能的有效性，进行了 12 周的 SPARK 课程干预，结果显示，SPARK 课程显著改善了 ASD 儿童的平衡性、双侧协调和社会交往能力，不仅可以提升 ASD 儿童的运动水平，还可以提高他们的社交技能[126]。

5. CHAMPPS 幼儿运动课程

CHAMPPS(children in action：motor program for preschoolers)是一种综合、全面、结构化的幼儿运动课程，由幼儿教师实施，利用“通用学习设计”(即基于对人类学习方式的科学理解，旨在改善和优化所有人的教学与学习[127])策略，确保幼儿参与活动，促进其社交、语言、运动等的发展，帮助幼儿掌握学前课程与技能，着力于提高身体活动水平。CHAMPPS 课程超过了儿童“活力开端”指南标准，在结构化身体活动中至少有 50％的时间保持活跃，对于培养儿童一系列能力是有效的[128]。教师反馈表明 CHAMPPS 课程在幼儿环境中具有很强的可行性，它的一些关键要素，如教学单元、通用学习设计、入学准备表都很容易理解和实施，因为课程的重复性，更容易帮助幼儿掌握动作技能。通过 CHAMPPS 课程学习，幼儿在平衡、跳跃、投掷等基本动作技能水平得到提升的同时，对数字、交通等知识的理解也促使其语言、社交技能得到改善[129]。

6. SKIP 幼儿成功运动教学课程

SKIP（successful kinesthetic instruction for preschoolers）课程由

Altunsöz 等开发，该课程的形成是建立在动态系统理论和 Newell 约束理论基础上的，植根于动作发展理论和体育教学实践中，具有适合发展指导和实践性特点[130]。基于 SKIP 课程计划，幼儿教师可依据性别、身体形态和动机水平等为每位幼儿提供适宜性的活动、支持性的运动环境，以期让幼儿最大限度地在实践活动中获得运动技能的成功体验，并且给予积极性反馈[131]。使用 SKIP 课程进行干预，开展每周 2 天的自由游戏，其余 3 天为男、女幼儿共同参与的动作技能练习，结果表明，相比自由游戏，SKIP 课程使得幼儿的运动能力更高，对性别融合友谊有积极影响，尤其是女幼儿性别融合友谊得到提升[132]。对动作发展不足或滞缓的幼儿采用不同的实验干预，实验组一运用 SKIP 课程；实验组二则是父母参与的 SKIP-PI 课程，增加了父母培训环节，在家中与孩子一起参与简单的运动技能活动。控制组为 20～30 分钟的室外游戏，每周 4～5 天，没有关于课堂教师的任何技能指导或反馈。结果显示，通过 SKIP 形式的高结构化基本动作技能干预，幼儿的操控性动作技能发展得到显著改善[133]。另有研究验证了 SKIP 课程以结构化游戏为主，其改善平衡性动作技能、移动性动作技能和操控性动作技能的主动干预对幼儿基本动作技能产生的积极效果要优于自由活动的非结构化游戏[134]。

（二）国内外关于幼儿基本动作技能发展的其他干预研究

本书围绕着基本动作技能干预时间和手段、测评工具和研究结果等方面，梳理了十年以来国内外关于幼儿基本动作技能发展的相关干预研究（见表 2-1），以期归纳和总结出更有价值的内容，便于更好地实施幼儿基本动作技能教学干预实验。

表 2-1 国内外关于幼儿基本动作技能干预的实证研究一览表

学者/国家/年份	测评工具	干预时间和干预手段	研究结果
Aivazidis, et al.[135]/希腊/2019	FMS：KTK； PA：计步器； 身体要素：身高、体重、BMI	干预时间：8 个月。 实验组：Walk 项目，主要包括有组织的体育课、休息期间的身体活动和步行机会。体育老师提供每周 4 天有组织的体育课程，每节课持续 45～50 分钟，内容有粗大动作技能、传统游戏、音乐运动和基本动作技能发展。每周 1 次步行机会。 对照组：日常的学校课程	FMS：实验组优于对照组 PA：实验组优于对照组

表 2-1（续）

学者/国家/年份	测评工具	干预时间和干预手段	研究结果
Foulkes, et al.[136] /英国 /2017	FMS：TGMD-2	干预时间：6 周。 实验组：活力游戏教育项目（APE）。每周 1 次的 60 分钟活力游戏课程，共 360 分钟。采用 2—2—2 阶段的传授方式，前两周为专家指导、教师观察，中间两周为专家和教师共同指导，后两周为教师指导、专家观察。提供活力游戏的资源包和活动卡。活动卡的内容包括热身、舞蹈、跳跃、游戏和放松。 对照组：每周 60 分钟的身体活动课程	FMS：实验组与对照组相似
周喆啸[137] /中国 /2017	FMS：TGMD-2； 身体素质：国民体质监测（幼儿部分）； 行为表现：儿童行为表现量表（CBCL）家长版； 感统能力：6～11 岁儿童感觉统合能力测验表（家长版）	干预时间：24 周。 实验组：每周一到周五进行功能性动作练习，小班、中班、大班每次练习时间分别为 20～30 分钟、30～40 分钟、40～50 分钟。小班倾向于动作模式练习，身体素质倾向于平衡与灵敏素质；中班学习动作模式和基础动作技能，身体素质方面强调平衡稳定、脊柱强化、灵敏和速度素质；大班幼儿学习基础动作技能，均衡发展各个身体素质。 实验组老师经过教学培训，一名教师讲授和示范，另一名教师负责矫正错误动作和维持课堂秩序。 对照组：按照园本体育运动内容进行。以大型户外活动器械、皮球、彩虹伞、跳圈为练习器材，以游戏、健身操、跑动和滑步为主动活动形式	幼儿的 LS 与 MS：实验组优于对照组； 幼儿灵敏、速度、平衡素质：实验组优于对照组； 行为表现：实验组优于对照组； 感觉统合：大班幼儿实验组优于对照组，其他实验组与对照组相似
Wasenius, et al.[138] /加拿大 /2018	FMS：TGMD-2； PA：加速度计； 身体要素：身高、体重、BMI	干预时间：6 个月。 实验组 1：保育中心单独干预。 实验组 2：涉及父母参与的保育中心干预。 对照组：常规活动	LS：实验组 1 与实验组 2 优于对照组

表 2-1（续）

学者/国家/年份	测评工具	干预时间和干预手段	研究结果
Bardid, et al.[139]/比利时/2017	FMS：TGMD-2	干预时间：30 周。 实验组：基于政府支持，以社区为基础的动作技能干预。在现有社区环境中，由经过培训的当地教练（如学校教师或护理人员等）提供每周 60 分钟基本动作技能教学。所有教师在该计划期间都接受了为期 1 天的培训研讨，并获得支持。Multimove 项目提供了 12 项基本动作技能主题，每个部分儿童学习 2～3 个主题，练习 15～30 分钟。 对照组：没有额外的练习	FMS：实验组优于对照组
Roth, et al.[140]/德国/2015	FMS：立定跳远、双脚平衡、左右侧跳基本动作技能总分； PA：加速度计； 身体要素：身高、体重、BMI、血压、身体肥胖	干预时间：11 个月。 实验组：30 分钟身体活动课程 5 次/周。课程包括强调协调和运动感知的练习、幼儿锻炼游戏、每周 1～2 次的家庭身体活动卡、假期里的字母组合游戏练习。 对照组：常规课程，包括日常活动和每周 1 次的身体活动课	FMS：实验组优于对照组； PA：实验组和对照组相似； 身体要素：身体肥胖实验组＜对照组；其他指标实验组和对照组相似
Tsapakidou, et al.[141]/希腊/2014	FMS：TGMD-2（移动性）	干预时间：2 个月。 实验组：30～40 分钟的体育课 2 次/周，课程内容包括提高身体意识、旋律、协调技能和创造力的练习。 对照组：日常活动	FMS：实验组优于对照组
Bonvin, et al.[142]/瑞士/2013	FMS：Zurich 适应性神经运动评价； PA：加速度计； 身体要素：身高、体重、BMI	干预时间：9 个月。 实验组：一项基于政府主导的项目。为教育工作者提供关于身体活动水平的 5 次工作坊；通过儿童保育教育工作者向家长宣传身体活动；发传单；通过协调员在儿童保育中心提供文件和支持；每 2 个月集中一次；为儿童保育中心提供财政支持，用以设计适合活动的空间。 对照组：常规学前教育计划内容	FMS：实验组和对照组相似； PA：实验组和对照组相似； 身体要素：实验组和对照组相似

表 2-1（续）

学者/国家/年份	测评工具	干预时间和干预手段	研究结果
Bellows, et al.[143] /美国 /2013	FMS：PDMS-2； PA：计步器； 身体要素：身高、体重、BMI	干预时间：18 周。 实验组：15～20 分钟的结构化身体活动课程 4 次/周；课程包括多个活动，创设虚拟情境从三种基本动作技能类别（平衡、移动、操控）中促进动作技能和饮食；家庭环境；培训教师。此外，这些与基于营养学称为“食物朋友”的研究同时开展。 对照组：基于营养学的称为“食物朋友”的研究	FMS：实验组优于对照组； PA：实验组和对照组相似； 身体要素：实验组和对照组相似
Yin，et al.[144] /美国 /2012	FMS：基本动作技能总分； PA：计步器； 身体要素：身高、体重、BMI	干预：18 周。 实验组 1：30～45 分钟结构化和非结构化户外课程 5 次/周；课程内容包括粗大肌肉动作技能教学和舞蹈教学，室内补偿性活动，健康饮食促进。 实验组 2：和实验组 1 同样的干预，额外有家庭活动、父母肥胖教育、家庭支持性的饮食和身体活动监控。 对照组：常规课程，包括非结构化的自由游戏 5 次/周	FMS：实验组 1 优于对照组，实验组 2 优于对照组； PA：实验组 1 优于对照组，实验组 2 优于对照组； 身体要素：BMI 实验组 1 和对照组相似，实验组 2 劣于对照组
Hurmeric[145] /美国 /2010	FMS：TGMD-2（操控性技能量表）； 身体要素：身高、体重、BMI、握力、肥胖	干预时间：8 周。 实验组 1：30 分钟结构化运动课程 2 次/周；课程内容包括热身、两种操控性技能的教学（2×12 分钟）、封闭式活动。 实验组 2：和实验组 1 一样的干预，额外有 10～15 分钟在家里与家人互动的活动被列入课程计划中；教学和器材的提供；在干预前会有工作坊。 对照组：常规课程，包括户外和大肌肉活动	FMS：实验组 1 与实验组 2 相似，但都优于对照组； 身体要素：无变化

注：PA 表示身体活动；KTK 表示儿童身体协调测试；FMS 表示基本动作技能；LS 表示移动性动作技能；MS 表示操控性动作技能；TGMD-2 表示大肌肉群动作发展测试第二版。

第三章　3～6岁幼儿基本动作技能发展现状

第一节　3～6岁幼儿基本动作技能测评概况

一、测评对象基本情况

本书采用方便抽样的原则，选取了上海静安区、闵行区、浦东新区、嘉定区的幼儿进行测试，如华东师范大学闵行永德实验幼儿园（尚义园区、尚德园区）、华东师范大学附属紫竹幼儿园、大宁国际幼儿园、小天使幼儿园、康桥第三幼儿园、绣川幼儿园、华高幼儿园、东园幼儿园、东南幼儿园、宣桥幼儿园、坦直幼儿园、听潮艺术幼儿园、东港幼儿园、南翔幼儿园（北园、南园），经筛选后获得2 632条有效数据。测试对象基本情况如表3-1所列。

表3-1　测试对象基本情况表

班级	年龄/岁	性别		总计/人
		男	女	
小班	3.668±0.384 4	432	358	790
中班	4.537±0.361 9	444	437	881
大班	5.592±0.394 8	506	455	961

考虑3～6岁幼儿身心发展特点变化较快，本书沿用《国民体质测定标准手册（幼儿部分）》的年龄分组方式。按年龄、性别分组，3～5岁每0.5岁为一组；6岁为一组。男、女分别为7个组别，共计14个组别。

1. 3～5岁者的年龄计算方法[146]

(1) 测试时已过当年生日，且超过6个月者。

年龄＝测试年－出生年＋0.5

（2）测试时已过当年生日，且不满6个月者。

年龄＝测试年－出生年

（3）测试时未过当年生日，且距生日6个月以下者。

年龄＝测试年－出生年－0.5

（4）测试时未过当年生日，且距生日6个月以上者。

年龄＝测试年－出生年－1

2. 6岁者的年龄计算方法

（1）测试时已过当年生日者。

年龄＝测试年－出生年

（2）测试时未过当年生日。

年龄＝测试年－出生年－1

二、测评实施过程

（一）测试工具的选择

研究采用文献资料法，通过EBSCO、Web of Science、中国知网等数据库，查阅国内外与幼儿基本动作技能发展相关的测评工具和使用方法，经过梳理和对比，最终选用大肌肉群动作发展测试第三版（TGMD-3）[147]对3～6岁幼儿进行测试。该测试工具共包含6项移动动作技能和7项球类动作技能（见附件1）。该工具只有移动性动作技能和球类动作技能的测试指标，并未包含稳定性动作技能的测试指标。考虑到稳定性动作技能不是独立存在的，而是属于移动性动作技能下的内容[148]，能够较好地完成移动性动作技能和操控性动作技能之前，首先需要发展稳定性动作技能。在评估过程中，无论是移动动作技能的项目，还是球类动作技能的项目，都涉及稳定动作技能发展的程度。刁玉翠等[149]对TGMD-3进行了信效度检验的研究，证明其信效度较好，可以作为评定我国3～6岁幼儿基本动作技能水平的工具。

（二）测试前的准备

在测试开始前，选择专业且经验丰富的测试人员参与。同时，与幼儿园教师沟通，确定测试的时间、场地和对象，提出测试的具体要求和注意事项，以便于在测试过程中提高测试效率。

（三）测试的实施

使用TGMD-3进行测试时，每名幼儿测试时间为15分钟左右。首先，测试教师为被试幼儿简单讲解测试内容，例如：使用“十三项闯关游戏”类的幼儿语言，激发幼儿的好奇心与积极性，便于幼儿测试时呈现出最好的状态。其次，请幼儿观察测试教师示范正确动作，提醒需要模仿测试教师的动作，但测试教师不给予任何动作要点的提示，以便于幼儿测试时展现真实水平。然后，被试幼儿练习一次，再进行两次正式测试。测试教师对幼儿两次完成的动作进行录像，使用动作评估软件，根据录像进行自动评分（“TGMD-3可视化测评方案”见附件2）。经研究者测试比对后发现，该软件评分与人工评分的评分者一致性信度为0.8，具有较好的信度，能够准确评分。

（四）测试数据的整理与分析

测试结束后，使用Excel 2010和SPSS 23.0软件对各项基本动作技能成绩进行统计分析。基于测评工具的评分要求是每项动作的两次评分之和，本书对每项动作的两次评分之和进行各类分析，例如：对各项目成绩进行标准化分析、单因素方差分析和多重比较、独立样本T检验，探索上海市3～6岁幼儿各类基本动作技能成绩的年龄、性别差异等。

第二节 3～6岁幼儿基本动作技能发展现状

一、3～6岁不同年龄段幼儿基本动作技能成绩标准化比较

（一）各年龄段幼儿的各项基本动作技能成绩变化具有一致性

TGMD-3共测试幼儿的13项动作技能水平，每项动作技能的成绩有所不同，其满分为6～10分不等。为了解7个年龄段幼儿的13项动作技能水平的横向规律性特征，将幼儿的各项基本动作技能成绩进行了标准化，确保每项动作技能之间具有可比性，进而进行平均分的比较，见图3-1。从图中可以看出，不同年龄段幼儿的各项基本动作技能成绩变化高低具有一致性，对比跑步、马步跑、单脚跳等13项基本动作技能项目，3～6岁幼儿普遍成绩较高的动作技能主要是跑步、侧滑步、马步跑、双手接球，普遍成绩较低的动作技能主要是跑跳步、立定跳远、踢固定球。接下来，本书继续比较各年龄段幼儿不同类型基本动作技能成绩的变化趋势。

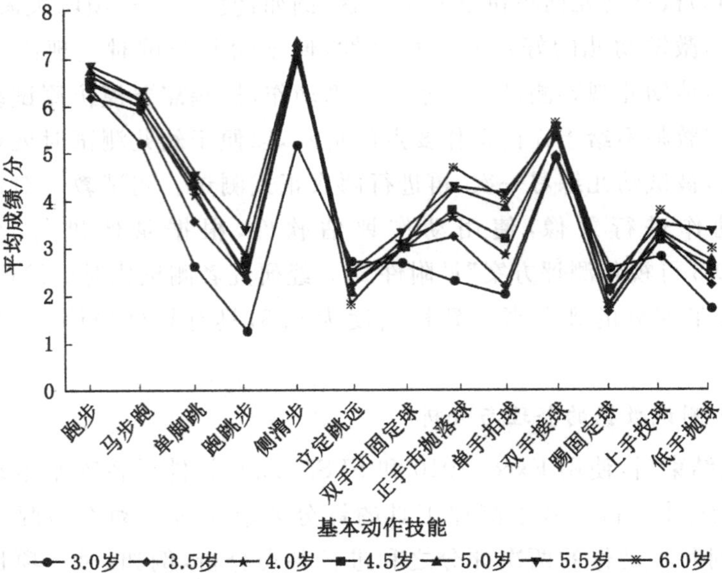

图 3-1　不同年龄段幼儿各项基本动作技能成绩标准化之后的平均成绩变化趋势

（二）各年龄段幼儿移动性动作技能成绩优于球类动作技能成绩

为探索不同年龄阶段幼儿的移动性动作技能、球类动作技能和基本动作技能总体的变化趋势，将不同类型的基本动作技能成绩也采用同样的形式进行标准化，确保每类动作技能成绩之间具有可比性。从 7 个年龄段幼儿的平均分变化趋势来看，无论在哪个年龄段，其移动性动作技能均优于球类动作技能，无论是何种基本动作技能的总成绩，5.5 岁幼儿都是最高的（见图 3-2）。3.0～5.5 岁的幼儿，无论是移动性动作技能总成绩，还是球类动作技能总成绩，抑或基本动作技能总成绩，都随着年龄的增长而逐渐提升。

二、3～6 岁幼儿基本动作技能总成绩具有年龄和性别的主效应

本书对可能影响幼儿基本动作技能发展水平的性别、年龄等因素进行多因素方差分析。结果表明，幼儿基本动作技能总成绩显示出非常显著的“性别”主效应（$F_{性别}=13.717$，$P<0.01$）和“年龄”主效应（$F_{年龄}=51.821$，$P<0.01$），见表 3-2。因此，接下来本书将从年龄与性别两个层面讨论 3～6 岁幼儿基本动作技能成绩的差异性。

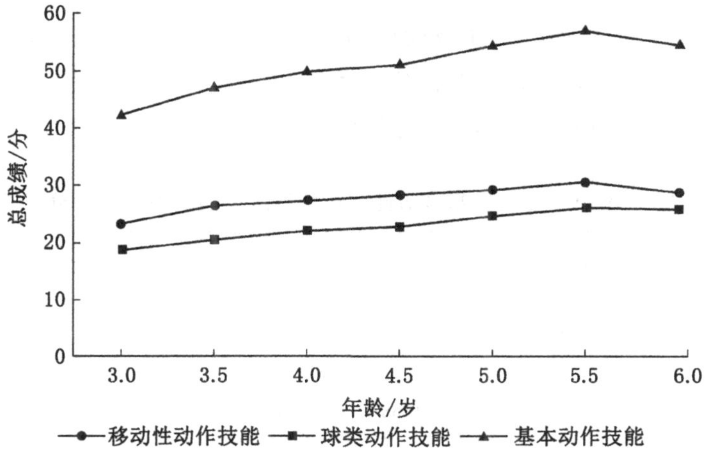

图 3-2　各年龄段幼儿各类基本动作技能总成绩变化趋势

表 3-2　幼儿基本动作技能总成绩主体间效应的检验表

变异来源	Ⅲ型平方和	*df*	均方	*F*	*P*
修正模型	20 756.499[a]	13	1 596.654	25.823	0.000
截距	3 061 877.966	1	3 061 877.966	49 520.648	0.000
性别	848.137	1	848.137	13.717	0.000**
年龄	19 224.537	6	3 204.089	51.821	0.000**
性别 * 年龄	135.011	6	22.502	0.364	0.902
误差	161 871.801	2 618	61.830		
总计	4 366 433.000	2 632			
修正后总计	182 628.301	2 631			

注：** 表示 $P<0.01$；[a]表示 $R^2=0.114$（调整后 $R^2=0.109$）。

三、3～6岁各年龄段幼儿不同类型基本动作技能成绩的差异性比较

（一）各年龄段幼儿移动性动作技能成绩存在显著性差异

对3～6岁7个年龄段幼儿的移动性动作技能成绩进行单因素方差分析，结果发现，7个年龄段之间存在显著性差异（$F_{移动}=25.958$，$P<0.01$），详见表3-3。再对其进行两两比较后发现，除了4.0岁与4.5岁、4.5与6.0岁、

5.0岁与6.0岁的幼儿无显著性差异外，其他各年龄段的幼儿均存在显著性差异(见表3-4)。移动性动作技能成绩在4.0岁和4.5岁幼儿中未有变化。5.5岁幼儿的移动性动作技能成绩在各年龄段里最高，其次是5.0岁幼儿。6.0岁幼儿的移动性动作技能成绩有所下降，和4.5岁幼儿无差异。

表3-3 不同年龄段幼儿移动性动作技能成绩的单因素方差分析表

年龄/岁	N	M	SD	F	P
3.0	102	18.37	5.180	25.958	0.000**
3.5	354	20.81	5.266		
4.0	501	21.58	4.300		
4.5	455	22.10	4.513		
5.0	478	22.98	4.925		
5.5	338	23.83	5.766		
6.0	404	22.51	4.075		

注：** 表示 $P<0.01$。

表3-4 不同年龄段幼儿移动性动作技能成绩的平均分多重比较表

各组均值	$\overline{X}_i-18.37$	$\overline{X}_i-20.81$	$\overline{X}_i-21.58$	$\overline{X}_i-22.10$	$\overline{X}_i-22.51$	$\overline{X}_i-22.98$
$\overline{X}_{5.5}=23.83$	5.46** ($P=0.000$)	3.02** ($P=0.000$)	2.25** ($P=0.000$)	1.73** ($P=0.000$)	1.32** ($P=0.000$)	0.85** ($P=0.014$)
$\overline{X}_{5.0}=22.98$	4.61** ($P=0.000$)	2.17** ($P=0.000$)	1.40** ($P=0.000$)	0.88** ($P=0.005$)	0.47 ($P=0.142$)	
$\overline{X}_{6.0}=22.51$	4.14** ($P=0.000$)	1.70** ($P=0.000$)	0.93** ($P=0.004$)	0.41 ($P=0.216$)		
$\overline{X}_{4.5}=22.10$	3.73** ($P=0.000$)	1.29** ($P=0.000$)	0.52 ($P=0.092$)			
$\overline{X}_{4.0}=21.58$	3.21** ($P=0.000$)	0.77* ($P=0.022$)				
$\overline{X}_{3.5}=20.81$	2.44** ($P=0.000$)					
$\overline{X}_{3.0}=18.37$						

注：* 表示 $P<0.05$，** 表示 $P<0.01$。

（二）各年龄段幼儿球类动作技能成绩存在显著性差异

对3～6岁7个年龄段幼儿球类动作技能成绩进行单因素方差分析的比较，结果发现，7个年龄段之间存在显著性差异（$F_{球类}=44.392$，$P<0.01$），见表3-5。在对其进行两两比较后发现，除了4.0岁与4.5岁、5.5岁与6.0岁无显著性差异外，其他各年龄段的幼儿均有显著性差异（见表3-6）。4.0和4.5岁的幼儿球类动作技能水平相当，无显著变化。5.5岁幼儿的球类动作技能成绩在各年龄段里最高，和移动性动作技能一致。6.0岁幼儿的球类动作技能较移动性动作技能而言，成绩下降相对缓慢，比5.0岁的幼儿要略高。

表3-5　不同年龄段幼儿球类动作技能成绩的单因素方差分析表

年龄/岁	*N*	*M*	*SD*	*F*	*P*
3.0	102	14.18	5.043	44.392	0.000**
3.5	354	15.46	4.617		
4.0	501	16.86	4.993		
4.5	455	17.23	4.990		
5.0	478	18.61	5.076		
5.5	338	19.88	5.863		
6.0	404	19.50	4.830		

注：** 表示 $P<0.01$。

表3-6　不同年龄段幼儿球类动作技能成绩的平均分多重比较表

各组均值	$\overline{X}_i-14.18$	$\overline{X}_i-15.46$	$\overline{X}_i-16.86$	$\overline{X}_i-17.23$	$\overline{X}_i-18.61$	$\overline{X}_i-19.50$
$\overline{X}_{5.5}=19.88$	5.70** ($P=0.000$)	4.42** ($P=0.000$)	3.02** ($P=0.000$)	2.65** ($P=0.000$)	1.27** ($P=0.000$)	0.38 ($P=0.309$)
$\overline{X}_{6.0}=19.50$	5.32** ($P=0.000$)	4.04** ($P=0.000$)	2.64** ($P=0.000$)	2.27** ($P=0.000$)	0.89** ($P=0.009$)	
$\overline{X}_{5.0}=18.61$	4.43** ($P=0.000$)	3.15** ($P=0.000$)	1.75** ($P=0.000$)	1.38** ($P=0.000$)		
$\overline{X}_{4.5}=17.23$	3.05** ($P=0.000$)	1.77** ($P=0.000$)	0.37 ($P=0.256$)			
$\overline{X}_{4.0}=16.86$	2.68** ($P=0.000$)	1.40** ($P=0.000$)				

表 3-6（续）

各组均值	$\overline{X}_i-14.18$	$\overline{X}_i-15.46$	$\overline{X}_i-16.86$	$\overline{X}_i-17.23$	$\overline{X}_i-18.61$	$\overline{X}_i-19.50$
$\overline{X}_{3.5}=15.46$	1.28* ($P=0.024$)					
$\overline{X}_{3.0}=14.18$						

注：* 表示 $P<0.05$，** 表示 $P<0.01$。

（三）各年龄段幼儿基本动作技能总成绩存在显著性差异

对 3～6 岁 7 个年龄段幼儿的基本动作技能总成绩进行单因素方差分析，结果发现，7 个年龄段之间存在显著性差异（$F_{总体}=52.196$，$P<0.01$），见表 3-7。在对其进行两两比较后发现，除了 4.0 岁与 4.5 岁、5.0 岁与 6.0 岁无显著性差异外，其他各年龄段的幼儿均存在显著性差异（见表 3-8）。4.0 岁和 4.5 岁幼儿的基本动作技能总成绩较稳定，5.5 岁幼儿的基本动作技能总成绩在各年龄段里依然最高，6.0 岁幼儿的基本动作技能总成绩在 5.5 岁之后并未得到进一步的提升。

表 3-7　不同年龄段幼儿基本动作技能总成绩的单因素方差分析表

年龄/岁	*N*	*M*	*SD*	*F*	*P*
3.0	102	32.55	8.053	52.196	0.000**
3.5	354	36.27	8.055		
4.0	501	38.44	7.356		
4.5	455	39.33	7.338		
5.0	478	41.59	7.903		
5.5	338	43.71	9.921		
6.0	404	42.01	6.912		

注：** 表示 $P<0.01$。

表 3-8　不同年龄段幼儿基本动作技能总成绩的平均分多重比较表

各组均值	$\overline{X}_i-32.55$	$\overline{X}_i-36.27$	$\overline{X}_i-38.44$	$\overline{X}_i-39.33$	$\overline{X}_i-41.59$	$\overline{X}_i-42.01$
$\overline{X}_{5.5}=43.71$	11.16** ($P=0.000$)	7.44** ($P=0.000$)	5.27** ($P=0.000$)	4.38** ($P=0.000$)	2.12** ($P=0.000$)	1.70** ($P=0.004$)
$\overline{X}_{6.0}=42.01$	9.46** ($P=0.000$)	5.74** ($P=0.000$)	3.57** ($P=0.000$)	2.68** ($P=0.000$)	0.42 ($P=0.433$)	

表 3-8（续）

各组均值	$\overline{X}_i-32.55$	$\overline{X}_i-36.27$	$\overline{X}_i-38.44$	$\overline{X}_i-39.33$	$\overline{X}_i-41.59$	$\overline{X}_i-42.01$
$\overline{X}_{5.0}=41.59$	9.04** ($P=0.000$)	5.32** ($P=0.000$)	3.15** ($P=0.000$)	2.26** ($P=0.000$)		
$\overline{X}_{4.5}=39.33$	6.78** ($P=0.000$)	3.06** ($P=0.000$)	0.89 ($P=0.079$)			
$\overline{X}_{4.0}=38.44$	5.89** ($P=0.000$)	2.17** ($P=0.000$)				
$\overline{X}_{3.5}=36.27$	3.72** ($P=0.000$)					
$\overline{X}_{3.0}=32.55$						

注：** 表示 $P<0.01$。

四、3～6岁不同性别幼儿基本动作技能成绩的差异性比较

（一）男幼儿两类基本动作技能总成绩显著高于女幼儿

为了解3～6岁男幼儿和女幼儿在各类基本动作技能水平上存在的差异性，对移动性动作技能成绩、球类动作技能成绩和基本动作技能总成绩进行了不同性别的独立样本 T 检验。结果发现，男、女幼儿之间均存在显著性差异（$T_{移动}=2.885$，$P<0.01$；$T_{球类}=3.537$，$P<0.01$；$T_{总体}=3.967$，$P<0.01$），见表3-9。从均值上判断，男幼儿各类基本动作技能的成绩均显著高于女幼儿，说明男、女幼儿基本动作技能水平存在着显著的性别差异。

表 3-9　不同类型基本动作技能总成绩性别差异的独立样本 T 检验分析表

类别	性别	N	M	SD	T	P
移动性动作技能	男	1 382	22.39	4.945	2.885	0.004**
	女	1 250	21.84	4.906		
球类动作技能	男	1 382	18.09	5.539	3.537	0.000**
	女	1 250	17.36	5.001		
基本动作技能	男	1 382	40.48	8.603	3.967	0.000**
	女	1 250	39.20	7.970		

注：** 表示 $P<0.01$。

（二）男女幼儿部分移动性动作技能单项成绩有显著差异

通过对 3～6 岁 7 个年龄段幼儿跑步、马步跑、单脚跳、跑跳步、侧滑步和立定跳远的成绩，以及移动性动作技能总成绩进行不同性别的独立样本 T 检验，结果发现，3.0～4.0 岁之间三个年龄段的幼儿在各项移动性动作技能方面未见显著性差异（表略）。表 3-10 为移动性动作技能项目成绩性别差异的独立样本 T 检验分析表，由表可以得知：

(1) 在 4.5 岁阶段，男、女幼儿在跑步的动作上表现出显著性差异（$T_{跑}=2.520, P<0.05$），其中男幼儿的成绩显著高于女幼儿。

(2) 在 5.0 岁阶段，男、女幼儿在立定跳远的动作上表现出显著性差异（$T_{跳远}=2.916, P<0.01$），其中男幼儿的成绩显著高于女幼儿。

(3) 在 5.5 岁阶段，男、女幼儿在立定跳远的动作上表现出显著性差异（$T_{跳远}=2.205, P<0.05$），其中男幼儿的成绩显著高于女幼儿。

(4) 在 6.0 岁阶段，男、女幼儿在马步跑的动作上表现出显著性差异（$T_{马步跑}=2.529, P<0.05$），其中男幼儿的成绩显著高于女幼儿。

表 3-10　移动性动作技能项目成绩性别差异的独立样本 T 检验分析表

年龄/岁	项目	性别	N	M	SD	T	P
4.5	跑步	男	223	5.44	1.317	2.520	0.012*
		女	232	5.13	1.345		
5.0	立定跳远	男	243	1.92	2.041	2.916	0.004**
		女	235	1.40	1.831		
5.5	立定跳远	男	186	2.21	2.233	2.205	0.028*
		女	152	1.68	2.111		
6.0	马步跑	男	207	5.01	1.112	2.529	0.012*
		女	197	4.72	1.216		

注：* 表示 $P<0.05$，** 表示 $P<0.01$。

（三）男女幼儿部分球类动作技能成绩存在显著差异

通过对 3～6 岁 7 个年龄段幼儿的双手击固定球、正手击抛落球、原地单手拍球、双手接球、踢固定球、上手投球和低手抛球的成绩以及球类动作技能总成绩进行不同性别的独立样本 T 检验，结果发现，除了 3.5 岁男、女幼儿在各项球类动作技能方面无显著性差异外，其他各年龄段幼儿均有性

别差异。表3-11为球类动作技能项目成绩性别差异的独立样本 T 检验分析表,从表中可以看出:

表3-11　球类动作技能项目成绩性别差异的独立样本 T 检验分析表

年龄/岁	项目	性别	N	M	SD	T	P
3.0	原地单手拍球	男	54	0.93	1.272	−2.276	0.025*
		女	48	1.52	1.368		
	双手接球	男	54	2.57	1.253	−2.264	0.026*
		女	48	3.13	1.196		
	踢固定球	男	54	2.54	2.697	2.280	0.025*
		女	48	1.48	1.968		
4.0	正手击抛落球	男	277	3.05	1.493	2.334	0.020*
		女	224	2.75	1.405		
	球类动作技能	男	277	17.27	5.299	2.115	0.035*
		女	224	16.34	4.546		
4.5	上手投球	男	223	2.71	1.531	2.195	0.029*
		女	232	2.41	1.417		
5.0	正手击抛落球	男	243	3.59	1.609	2.613	0.009**
		女	235	3.22	1.530		
5.5	低手抛球	男	186	2.92	1.907	2.701	0.007**
		女	152	2.38	1.753		
	球类动作技能	男	186	20.61	6.021	2.557	0.011*
		女	152	18.99	5.553		
6.0	正手击抛落球	男	207	3.89	1.363	2.065	0.040*
		女	197	3.60	1.459		
	原地单手拍球	男	207	2.26	1.500	−2.082	0.038*
		女	197	2.57	1.516		
	低手抛球	男	207	2.56	1.612	2.469	0.014*
		女	197	2.15	1.671		

注:* 表示 $P<0.05$,** 表示 $P<0.01$。

(1) 3.0岁的女幼儿在原地单手拍球、双手接球方面的成绩显著高于男幼儿($T_{拍球}=-2.276,P<0.05$;$T_{接球}=-2.264,P<0.05$);3.0岁男幼儿在踢固定球方面的成绩显著高于女幼儿($T_{踢球}=2.280,P<0.05$)。

(2) 4.0 岁男、女幼儿在正手击抛落球和球类动作技能方面存在显著的性别差异，且男幼儿的成绩显著高于女幼儿（$T_{抛落球}=2.334$，$P<0.05$；$T_{球类}=2.115$，$P<0.05$）。

(3) 4.5 岁男、女幼儿在上手投球方面存在显著的性别差异，且男幼儿在上手投球方面的成绩显著高于女幼儿（$T_{投球}=2.195$，$P<0.05$）。

(4) 5.0 岁男、女幼儿在正手击抛落球方面存在显著的性别差异，且男幼儿的成绩显著高于女幼儿（$T_{抛落球}=2.613$，$P<0.01$）。

(5) 5.5 岁男、女幼儿在低手抛球和球类动作技能方面存在显著的性别差异，且男幼儿的成绩显著高于女幼儿（$T_{抛球}=2.701$，$P<0.01$；$T_{球类}=2.557$，$P<0.05$）。

(6) 6.0 岁男、女幼儿在正手击抛落球、原地单手拍球和低手抛球方面存在显著的性别差异（$T_{抛落球}=2.065$，$P<0.01$；$T_{拍球}=-2.082$，$P<0.05$；$T_{抛球}=2.469$，$P<0.05$）。其中，男幼儿的正手击抛落球和低手抛球成绩显著高于女幼儿，而在原地单手拍球方面，则是女幼儿的成绩显著高于男幼儿。

五、3～6 岁幼儿近视与否的各类基本动作技能总成绩比较

本书依据所采集到 3～6 岁幼儿是否近视的信息，对近视和不近视幼儿的移动性动作技能成绩、球类动作技能成绩以及基本动作技能总成绩进行独立样本 T 检验，结果发现，幼儿是否近视在各类基本动作技能成绩上未呈现显著性差异。但近视幼儿的各类基本动作技能成绩低于未近视幼儿，同时也低于所有幼儿各类基本动作技能的平均成绩（见图 3-3）。

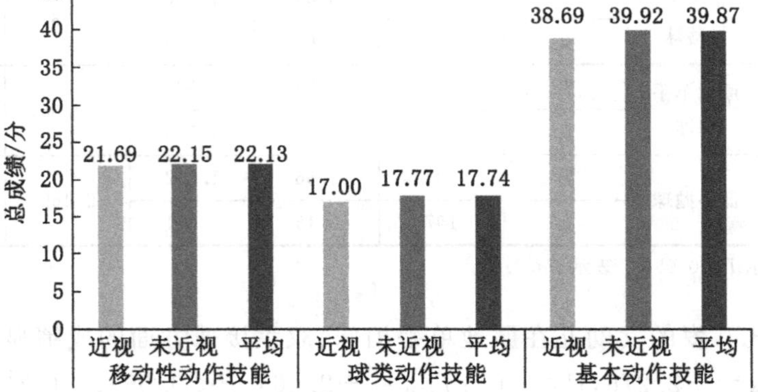

图 3-3 幼儿是否近视的各类基本动作技能总成绩和平均成绩比较

第三节　3～6 岁幼儿基本动作技能发展现状的分析

一、幼儿基本动作技能水平随年龄增长基本上升，应重视“平原效应”

研究结果显示，在 3～6 岁幼儿 7 个年龄段中，无论是移动性还是球类动作技能成绩，抑或基本动作技能总成绩，都是 5.5 岁幼儿的成绩最高。另外，3.0～5.5 岁年龄段的幼儿，无论是移动性动作技能还是球类动作技能成绩，都呈现出随年龄的增长而逐渐上升的趋势。然而，需要特别注意的是，4.0～4.5 岁幼儿的移动性、球类动作技能成绩及基本动作技能总成绩未有显著变化，出现“平原效应”。3.0～4.0 岁 3 个年龄段幼儿的移动性、球类动作技能发展具有显著性提升。在“平原效应”阶段后，进入 4.5～5.5 岁 3 个年龄段幼儿各类基本动作技能成绩又得以显著提升。此外，研究结果表明，年龄最大的 6.0 岁幼儿未能表现出基本动作技能发展的最好成绩。对于移动性动作技能发展而言，6.0 岁幼儿的成绩比 5.0 岁的幼儿成绩略低；对于球类动作技能发展而言，6.0 岁幼儿的成绩比 5.0 岁的幼儿成绩略高。

4.0～4.5 岁幼儿基本动作技能发展的“平原效应”表明基本动作技能发展速度存在着非线性增长的特点。虽然 4.5 岁幼儿的基本动作技能总成绩较 4.0 岁有所提高，但并不显著，类似地还有 4.0～4.5 岁幼儿较 3.0～3.5 岁有显著下降[150]。本书认为，可能是这一阶段的幼儿动作发展进入生理上的缓慢阶段，也可能此阶段幼儿的基本动作技能不熟练，不稳定、不准确的动作较多，从而导致基本动作技能成绩进步速度不明显。对于 6.0 岁幼儿基本动作技能并未呈现出整个年龄段中的最高水平，可能因日常“放羊式”的户外区域自由运动，缺少教师对幼儿的系统指导和参与，导致 6.0 岁幼儿在基本动作技能的发展上未接受充分的干预和适度的挑战，从而导致其发展逐渐进入瓶颈期。这也是幼儿阶段到小学阶段产生“陡坡效应”的原因之一。未来在开展促进幼儿基本动作技能发展的各项活动时，一方面需要加大对 4.0～4.5 岁幼儿基本动作技能发展的关注，另一方面需要强化 5.5 岁之后幼儿动作发展的挑战，丰富体育运动内容，尤其是促进移动性动作技能的发展，进一步提高幼儿的基本动作技能水平。

二、区别对待不同年龄段男女幼儿基本动作技能发展的优势

结果显示，从基本动作技能的类型看，男幼儿在移动性动作技能、球类动作技能和基本动作技能方面的成绩都显著优于女幼儿。这与宁科等[62]的研究结果有相似之处，但他在研究中提到3岁低龄组幼儿的移动性动作技能未出现男幼儿优于女幼儿的情况，这可能因为其样本量还不够多，导致差异性不明显。本书发现在不同年龄阶段、不同基本动作项目上，性别的差异性有所不同。移动性动作技能成绩在性别上的变化趋势较球类动作技能稳定，主要体现在移动性动作技能各个项目成绩在3.0～4.0岁间都无性别上的显著性差异，而球类动作技能各项目成绩仅在3.5岁无性别上的显著性差异。从男、女幼儿移动性动作技能成绩来看，无论是4.5岁的跑步，还是5.0岁、5.5岁两个阶段的立定跳远，抑或6.0岁幼儿的马步跑项目成绩，都始终是男幼儿要显著高于女幼儿。这可能是因为随着年龄的逐渐增长，男幼儿更注重个人表现以及与同性伙伴的竞争，男幼儿比女幼儿有更多的身体活动机会，使其在某个年龄段出现与女幼儿移动性动作技能发展速度不一致的情况。

球类动作技能方面，3.0岁和6.0岁女幼儿的原地单手拍球成绩及3.0岁女幼儿的双手接球成绩都显著高于男幼儿。这反映了原地单手拍球项目对于年龄偏大或者年龄偏小的幼儿而言，女幼儿表现更好，可能是因为原地单手拍球对幼儿的节奏提出更高要求，这与王欢等[75]的研究结论有一致之处。研究表明，女幼儿的神经、视觉、前庭功能和本体感觉系统的发育先于男幼儿[151]，接球动作技能的发展同样是女幼儿优于男幼儿[152]，所以，在3.0岁时原地单手拍球和双手接球动作出现性别上的显著差异。在正手击抛落球项目成绩上，出现更多年龄段的性别差异，如4.0岁、5.0岁和6.0岁均是男幼儿成绩显著优于女幼儿，这可能是由于4.0岁、5.0岁和6.0岁幼儿成绩存在着年龄上的显著性差异，年龄的增长使该动作表现更为熟练和稳定，且男幼儿比女幼儿在正手击抛落球动作方面出现的发展稳定期更早，所以表现为男幼儿成绩更优。此外，有研究发现，男、女幼儿的踢球动作在2岁前就出现，之后男幼儿的表现要好于女幼儿。上手投球项目成绩在4.5岁出现了性别差异，且男幼儿优于女幼儿，这与过往的研究认为男幼儿表现得更优秀[153]有相似之处。低手抛球项目成绩在5.0岁和6.0岁

也出现了男幼儿更优的情况。在开展促进幼儿基本动作技能发展的各类体育运动中，应充分发挥男、女幼儿自身的运动优势，实现幼儿运动能力的整体提升。

三、近视可能对幼儿基本动作技能发展产生不利影响

本书研究结果显示，已近视的幼儿，其移动性动作技能、球类动作技能和基本动作技能成绩均比未近视幼儿的成绩低，且普遍低于幼儿各类基本动作技能的平均成绩。虽然近视与否在幼儿基本动作技能成绩上并未出现显著性差异，但已然存在一定的规律性。当前手机、电脑等电子产品的广泛应用虽然加快了社会发展的步伐，但也存在幼儿过度使用电子产品等问题。有研究表明，幼儿眼部不适与其使用电子产品的频率和时长存在高度相关性[154]，幼儿过度使用电子产品，一定程度上影响其身体活动行为，造成静坐行为过久，也使眼-手协调和眼-脚协调受到影响，而幼儿阶段正是发展视-动协调等感知觉的重要阶段，各种动作刺激越少，个体感知觉发展则越慢，进而阻碍了基本动作技能的发展。

基于儿童青少年近视率飙升的现实窘境，国家卫生计生委办公厅、教育部办公厅、国家体育总局公办厅颁布《关于加强儿童青少年近视防控工作的指导意见》，其中提出：通过基层医疗卫生机构、托幼机构及中小学校等多渠道的视力筛查工作，实现儿童青少年近视的早发现、早干预[155]。发展基本动作技能，不仅可以降低幼儿近视率，更是有效落实对儿童青少年近视早干预的重要抓手，同时有利于增强幼儿的运动能力，为儿童青少年掌握基本运动技能和形成良好的健康行为习惯奠定基础。

第四章　幼儿身体素质水平对基本动作技能发展的影响

第一节　3～6岁幼儿基本动作技能与身体素质测评概况

一、测评对象基本情况

本书基于方便抽样的原则，分别选取了上海静安区、闵行区、浦东新区、嘉定区幼儿园的小、中、大班幼儿进行基本动作技能和身体素质测评。剔除无效测评数据后，共获得1 113条有效数据。测评对象基本情况如表4-1所列。

表4-1　测评对象基本情况表

班级	年龄/岁	性别		总计
		男	女	
小班	3.619±0.370 1	204	169	373
中班	4.471±0.367 7	168	171	339
大班	5.474±0.434 4	200	201	401

二、测评实施过程

（一）测评工具的选择

本部分通过在中国知网、万方数据等数据库查阅国内与幼儿身体素质相关的测评工具和使用方法，经过梳理和对比，最终选用《国民体质测定标准手册（幼儿部分）》的内容对3～6岁幼儿进行身体素质测评。选用走平衡木、双脚连续跳、坐位体前屈、立定跳远、网球掷远和十米往返跑6项指标，同时，从幼儿教师处收集了幼儿的身高、体重情况。测评成绩依据《国民体质测定标准手册（幼儿部分）》的常模进行统计，采用单项评分和综合评级进行评定。单项评分包括身高标准体重评分和其他单项指标评分，均采用5分制。综合评级根据受试者各单项得分之和确定，共分四个等级：一级（优秀）(>31分)、二级（良好）(28～31分)、三级（合格）(20～27分)、四级（不合格）(<20分)[146]。选用TGMD-3对3～6岁幼儿进行基本动作技能测评，具体测评流程同第三章，本部分不再赘述。

（二）测评的准备

首先，选择测评人员。测评人员主要由研究者和本科生、研究生共同组成，测评者具备一定的专业理论知识基础，由研究者统一进行培训，参与幼儿身体素质测评工作。培训内容主要包括本测评每个项目的测评方法、成绩记录和注意事项等。其次，与幼儿园教师沟通和确定测评的时间、场地和对象，提出测评的具体要求和注意事项，便于在测评过程中提高测评效率。最后，提前准备好测评需要的器材、表格以及布置场地。

（三）测评的实施

在测评过程中，尽可能地鼓励幼儿发挥个体最佳水平，对于胆怯或者配合度低的孩子，可以提供规定要求内简单的辅助（“幼儿身体素质测评方案”见附件3）。

（四）测评后数据的处理与分析

测评结束后，使用Excel 2010和SPSS 23.0软件整理身体素质各项指标的成绩，通过独立样本T检验、描述分析、相关分析、回归分析等方法进行统计分析，探索3～6岁幼儿身体素质成绩的年龄、性别差异，以及与幼儿基本动作技能发展的关系及其影响。

第二节　3～6岁幼儿基本动作技能与身体素质关系现状

一、3～6岁幼儿身体素质水平的现状

（一）幼儿身体素质测试成绩的综合评定以合格为主

依据《国民体质测定标准手册（幼儿部分）》的要求，对幼儿身高标准体

重评分和其他单项指标(走平衡木、双脚连续跳、坐位体前屈、网球掷远、十米往返跑和立定跳远)评分,根据幼儿各单项得分之和确定最后的综合评级。通过对幼儿测评结果进行分析后发现,54%的幼儿身体素质处于合格水平,优秀仅占11%,不合格占7%,表明上海市3～6岁幼儿的身体素质处于一般水平(见图4-1)。

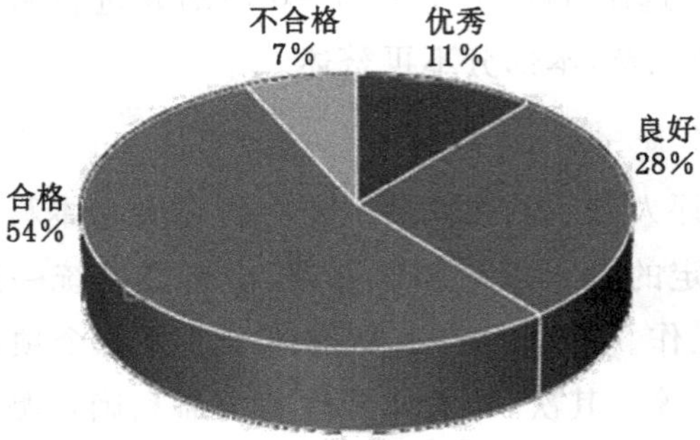

图4-1　3～6岁幼儿身体素质综合评级结果

(二)女幼儿身体素质综合等级的优秀率与良好率更高

通过对男、女幼儿身体素质测评综合等级进行对比分析发现:女幼儿优秀率为13.3%,优于男幼儿的9.4%;女幼儿良好率为30.4%,优于男幼儿的25.3%;在合格和不合格的比例方面,男幼儿则比女幼儿略高(见图4-2)。整体而言,上海市3～6岁女幼儿的身体素质水平达标率更高,且成绩更好。

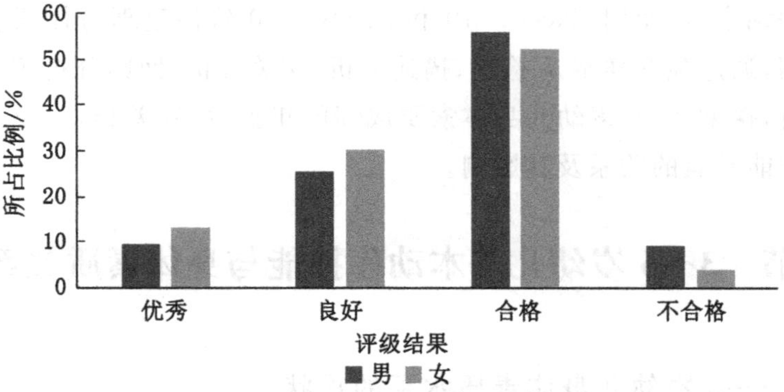

图4-2　3～6岁男、女幼儿身体素质综合评级结果对比图

（三）男女幼儿的柔韧性、弹跳力和腰腹力量存在显著差异

对 3～6 岁幼儿的走平衡木、双脚连续跳、坐位体前屈、立定跳远、网球掷远和十米往返跑的测试成绩进行独立样本 T 检验，判断不同项目上男、女幼儿是否存在显著性差异。结果表明，男、女幼儿在坐位体前屈、立定跳远和网球掷远项目成绩上存在显著性差异（$T_{坐}=-6.892$，$P<0.01$；$T_{立}=2.126$，$P<0.05$；$T_{网}=6.181$，$P<0.01$），见表 4-2。其中，女幼儿的坐位体前屈成绩显著高于男幼儿，而男幼儿的立定跳远和网球掷远成绩则显著优于女幼儿。

表 4-2　不同性别幼儿身体素质各项目成绩的独立样本 *T* 检验分析表

项目成绩	性别	*N*	*M*	*SD*	*T*	*P*
走平衡木成绩	男	572	12.34	10.863	1.014	0.311
	女	541	11.71	9.745		
双脚连续跳成绩	男	572	7.99	3.955	1.257	0.209
	女	541	7.71	3.420		
坐位体前屈成绩	男	572	15.29	7.788	−6.892	0.000**
	女	541	18.32	6.865		
立定跳远成绩	男	572	81.36	22.003	2.126	0.034*
	女	541	78.68	20.055		
网球掷远成绩	男	572	4.44	1.826	6.181	0.000**
	女	541	3.85	1.345		
十米往返跑成绩	男	572	8.59	3.196	0.645	0.519
	女	541	8.49	1.450		

注：* 表示 $P<0.05$，** 表示 $P<0.01$。

二、身体素质水平影响幼儿基本动作技能发展的因素分析

（一）身体素质总成绩与各类基本动作技能总成绩呈正相关

为探讨幼儿身体素质总成绩（六项）与各类基本动作技能总成绩的相关性，首先，对所得数据进行了标准化处理，之后对身体素质总成绩与各类基本动作技能总成绩进行了皮尔逊相关分析。结果显示，身体素质总成绩与移动性动作技能、球类动作技能和基本动作技能总成绩都存在显著的正相

关关系（$P<0.01$），相关系数 r 的范围从 0.105～0.168 不等，球类动作技能总成绩与身体素质总成绩的相关性更强，$r=0.168$，见表 4-3。

表 4-3　身体素质总成绩与各类基本动作技能总成绩的相关性分析

变量	基本动作技能总成绩	移动性技能总成绩	球类动作技能总成绩
身体素质总成绩	0.164**	0.105**	0.168**

注：** 表示 $P<0.01$。

（二）网球掷远成绩与各类基本动作技能总成绩的相关性最高

通过相关分析后发现，每项身体素质测试项目成绩与移动性动作技能总成绩、球类动作技能总成绩和基本动作技能总成绩均存在显著正相关或显著负相关。由图 4-3 和图 4-4 可知，网球掷远成绩与基本动作技能总成绩、球类动作技能总成绩的相关度最高（$r_{网-总}=0.356, P<0.01; r_{网-球}=0.349, P<0.01$）；其次，立定跳远成绩与基本动作技能总成绩、球类动作技能总成绩的相关度较高（$r_{立-总}=0.296, P<0.01; r_{立-球}=0.297, P<0.01$）；另外，双脚连续跳成绩与基本动作技能总成绩、球类动作技能总成绩的相关度也较高（$r_{双-总}=-0.312, P<0.01; r_{双-球}=-0.293, P<0.01$）。

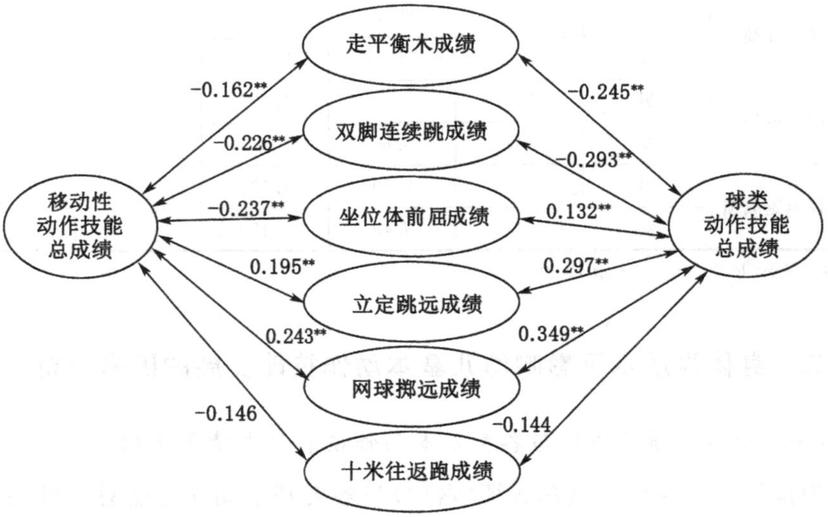

注：** 表示 $P<0.01$。

图 4-3　身体素质各项成绩与移动性动作技能总成绩、球类动作技能总成绩的相关性

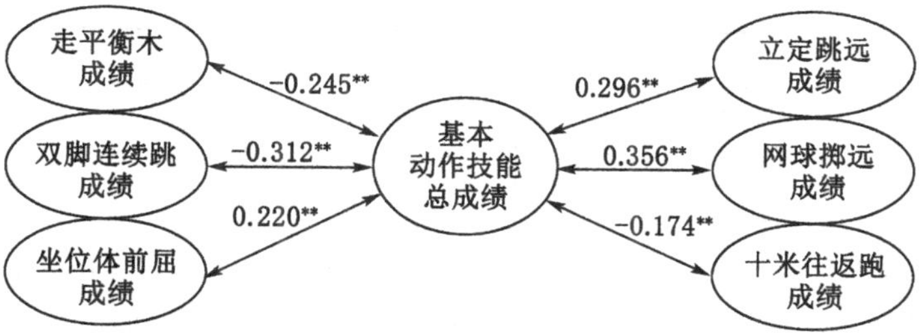

注：** 表示$P<0.01$。

图 4-4　身体素质各项成绩与基本动作技能总成绩的相关性

（三）身体素质各项成绩与基本动作技能各项成绩相关性不同

根据上述的分析结果，可以观察得出身体素质各项目成绩与基本动作技能总成绩、球类动作技能总成绩及移动性动作技能总成绩均有显著相关性。反映基本动作技能水平的项目有 13 个，本书将进一步具体区分身体素质 6 个项目与基本动作技能 13 个项目之间的相互关系。表 4-4 的结果显示：单脚跳、跑跳步、侧滑步、正手击抛落球和低手抛球成绩与身体素质各项目成绩均存在显著相关性。此外，网球掷远项目成绩与基本动作技能 13 个项目成绩均存在显著相关性，与正手击抛落球项目成绩的相关性最高（$r_{网\text{-}抛落球}=0.245, P<0.01$）。再者，踢固定球项目成绩与坐位体前屈项目成绩呈现出显著的负相关性，相关度在所有项目中最高（$r_{踢\text{-}体}=-0.460, P<0.01$）。

表 4-4　身体素质各项成绩与基本动作技能各项目成绩的相关性

基本动作技能各项目成绩	身体素质各项目					
	走平衡木成绩	双脚连续跳成绩	坐位体前屈成绩	立定跳远成绩	网球掷远成绩	十米往返跑成绩
跑步成绩	0.05	−0.105**	−0.304**	0.042	0.153**	−0.070*
马步跑成绩	−0.167**	−0.089**	0.112**	0.135*	0.085**	−0.013
单脚跳成绩	−0.209**	−0.181**	0.209**	0.263**	0.137**	−0.123**
跑跳步成绩	−0.120**	−0.144**	−0.152**	0.123**	0.167**	−0.108**
侧滑步成绩	−0.113**	−0.186**	−0.211**	0.138**	0.164**	−0.107**
立定跳远成绩	0.032	−0.024	−0.346**	−0.05	0.080**	−0.047
双手击固定球成绩	−0.096**	−0.129**	−0.187**	0.066*	0.126**	−0.044

表 4-4（续）

基本动作技能各项目成绩	身体素质各项目					
	走平衡木成绩	双脚连续跳成绩	坐位体前屈成绩	立定跳远成绩	网球掷远成绩	十米往返跑成绩
正手击抛落球成绩	−0.268**	−0.213**	0.287**	0.299**	0.245**	−0.084**
原地单手拍球成绩	−0.204**	−0.228**	0.001	0.243**	0.228*	−0.147*
双手接球成绩	−0.089**	−0.124**	0.033	0.199**	0.160**	−0.044
踢固定球成绩	0.044	−0.160**	−0.460**	0.011	0.156**	−0.075**
上手投球成绩	−0.161**	−0.032	0.175**	0.145**	0.102**	−0.034
低手抛球成绩	−0.106**	−0.116**	−0.152**	0.120**	0.187**	−0.061*

注：* 表示 $P<0.05$，** 表示 $P<0.01$。

（四）身体素质各项成绩影响各类基本动作技能总成绩

走平衡木、双脚连续跳、坐位体前屈、立定跳远、网球掷远和十米往返跑成绩与移动性动作技能、球类动作技能和基本动作技能总成绩之间均存在显著相关性。该部分进一步讨论身体素质各项成绩对基本动作技能水平的影响，以基本动作技能总成绩、移动性动作技能总成绩和球类动作技能总成绩为因变量，以走平衡木等六项成绩为自变量进行多元线性回归分析。表 4-5 反映了身体素质成绩与幼儿各类基本动作技能成绩的多元回归分析结果。

首先，幼儿基本动作技能总成绩与身体素质成绩所得多元回归方程为 Y＝44.055－0.117 走平衡木成绩－0.372 双脚连续跳成绩－0.382 坐位体前屈成绩＋0.070 立定跳远成绩＋1.148 网球掷远成绩。从结果中可以看出，除了十米往返跑成绩以外，幼儿其他各项身体素质成绩对基本动作技能总成绩均有显著性影响。幼儿身体素质成绩可以解释基本动作技能总成绩 24.9％的变化。

其次，幼儿移动性动作技能总成绩与身体素质成绩所得多元回归方程为 Y＝25.713－0.048 走平衡木成绩－0.169 双脚连续跳成绩－0.225 坐位体前屈成绩＋0.030 立定跳远成绩＋0.414 网球掷远成绩－0.149 十米往返跑成绩。从结果中可以看出，幼儿六项身体素质成绩对移动性动作技能总成绩均有显著性影响。幼儿身体素质成绩可以解释移动性动作技能总成绩 15.8％的变化。

最后，幼儿球类动作技能总成绩与身体素质成绩所得多元回归方程为

Y=18.342－0.069 走平衡木成绩－0.203 双脚连续跳成绩－0.157 坐位体前屈成绩＋0.040 立定跳远成绩＋0.734 网球掷远成绩。从结果中可以看出，除了十米往返跑成绩以外，幼儿其他各项身体素质成绩对移动性动作技能总成绩均有显著性影响。幼儿身体素质成绩可以解释球类动作技能总成绩19.7％的变化。

从身体素质成绩对各类基本动作技能总成绩的影响程度来看，网球掷远、双脚连续跳和坐位体前屈项目成绩对幼儿的移动性动作技能、球类动作技能及基本动作技能整体水平的影响更为显著。

表 4-5 身体素质各项成绩与各类基本动作技能总成绩的回归分析

因变量	自变量	未标准化系数		标准化系数	T	P	R^2	调整后 R^2
		B	SE	β				
基本动作技能总成绩	（常量）	44.055	2.040		21.591	0.000**	0.253	0.249
	走平衡木成绩	－0.117	0.029	－0.120	－4.094	0.000**		
	双脚连续跳成绩	－0.372	0.082	－0.137	－4.520	0.000**		
	坐位体前屈成绩	－0.382	0.036	－0.284	－10.525	0.000**		
	立定跳远成绩	0.070	0.016	0.147	4.365	0.000**		
	网球掷远成绩	1.148	0.193	0.186	5.952	0.000**		
	十米往返跑成绩	－0.194	0.111	－0.048	－1.747	0.081		
移动性动作技能总成绩	（常量）	25.713	1.273		20.193	0.000**	0.162	0.158
	走平衡木成绩	－0.048	0.018	－0.083	－2.685	0.007**		
	双脚连续跳成绩	－0.169	0.051	－0.105	－3.285	0.001**		
	坐位体前屈成绩	－0.225	0.023	－0.284	－9.938	0.000**		
	立定跳远成绩	0.030	0.010	0.106	2.980	0.003**		
	网球掷远成绩	0.414	0.120	0.114	3.441	0.001**		
	十米往返跑成绩	－0.149	0.069	－0.063	－2.153	0.032*		
球类动作技能总成绩	（常量）	18.342	1.286		14.265	0.000**	0.201	0.197
	走平衡木成绩	－0.069	0.018	－0.116	－3.837	0.000**		
	双脚连续跳成绩	－0.203	0.052	－0.122	－3.919	0.000**		
	坐位体前屈成绩	－0.157	0.023	－0.192	－6.860	0.000**		
	立定跳远成绩	0.040	0.010	0.138	3.976	0.000**		
	网球掷远成绩	0.734	0.122	0.195	6.038	0.000**		
	十米往返跑成绩	－0.045	0.070	－0.018	－0.640	0.522		

注：* 表示 $P<0.05$，** 表示 $P<0.01$。

（五）身体素质各项成绩对不同基本动作技能项目成绩影响不同

单脚跳、跑跳步、侧滑步、正手击抛落球和低手抛球成绩与身体素质各项成绩均存在显著的相关性。为进一步探讨身体素质成绩对单脚跳等五项基本动作技能成绩的影响，以单脚跳、跑跳步、侧滑步、正手击抛落球和低手抛球成绩为因变量，以走平衡木等六项成绩为自变量进行了多元线性回归分析。表4-6反映了身体素质成绩与幼儿五项基本动作技能成绩的多元回归分析结果。

第一，幼儿单脚跳基本动作技能的成绩与身体素质成绩所得多元回归方程为Y＝2.412－0.015走平衡木成绩－0.034双脚连续跳成绩＋0.035坐位体前屈成绩＋0.012立定跳远成绩。从结果中可以看出，除了网球掷远和十米往返跑成绩以外，幼儿其他四项身体素质成绩对单脚跳成绩均有显著性影响。幼儿身体素质成绩解释单脚跳基本动作技能成绩10.4％的变化。

第二，幼儿跑跳步基本动作技能的成绩与身体素质成绩所得多元回归方程为Y＝2.388－0.012走平衡木成绩－0.041坐位体前屈成绩＋0.089网球掷远成绩。从结果中可以看出，幼儿的走平衡木、坐位体前屈和网球掷远成绩对跑跳步成绩均有显著性影响。幼儿身体素质成绩可以解释跑跳步基本动作技能成绩6.6％的变化。

第三，幼儿侧滑步基本动作技能的成绩与身体素质成绩所得多元回归方程为Y＝6.678－0.069双脚连续跳成绩－0.076坐位体前屈成绩＋0.009立定跳远成绩。从结果中可以看出，幼儿的双脚连续跳、坐位体前屈和立定跳远成绩对侧滑步成绩均有显著性影响。幼儿身体素质成绩可以解释侧滑步基本动作技能成绩9.9％的变化。

第四，幼儿正手击抛落球基本动作技能的成绩与身体素质成绩所得多元回归方程为Y＝1.075－0.023走平衡木成绩－0.036双脚连续跳成绩＋0.058坐位体前屈成绩＋0.009立定跳远成绩＋0.139网球掷远成绩。从结果中可以看出，除了十米往返跑成绩以外，幼儿其他各项身体素质成绩对正手击抛落球基本动作技能成绩均有显著性影响。幼儿身体素质成绩可以解释正手击抛落球基本动作技能成绩17.4％的变化。

第五，幼儿低手抛球基本动作技能的成绩与身体素质成绩所得多元回归方程为Y＝2.213－0.047坐位体前屈成绩＋0.155网球掷远成绩。从结果中可以看出，幼儿坐位体前屈和网球掷远成绩对低手抛球成绩有显著性影响。

幼儿身体素质成绩可以解释低手抛球基本动作技能成绩 6.3%的变化。

综上分析，相对而言，身体素质成绩能够较好地解释幼儿正手击抛落球和单脚跳成绩的变化。

表 4-6　身体素质各项成绩与不同基本动作技能项目成绩的回归分析

因变量	自变量	未标准化系数		标准化系数	T	P	R^2	调整后 R^2
		B	SE	β				
单脚跳成绩	（常量）	2.412	0.377		6.399	0.000**	0.109	0.104
	走平衡木成绩	−0.015	0.005	−0.093	−2.902	0.004**		
	双脚连续跳成绩	−0.034	0.015	−0.073	−2.223	0.026*		
	坐位体前屈成绩	0.035	0.007	0.155	5.253	0.000**		
	立定跳远成绩	0.012	0.003	0.151	4.129	0.000**		
	网球掷远成绩	−0.008	0.036	−0.007	−0.212	0.832		
	十米往返跑成绩	−0.025	0.020	−0.037	−1.238	0.216		
跑跳步成绩	（常量）	2.388	0.376		6.347	0.000**	0.071	0.066
	走平衡木成绩	−0.012	0.005	−0.073	−2.222	0.027*		
	双脚连续跳成绩	−0.026	0.015	−0.057	−1.703	0.089		
	坐位体前屈成绩	−0.041	0.007	−0.182	−6.044	0.000**		
	立定跳远成绩	0.004	0.003	0.051	1.360	0.174		
	网球掷远成绩	0.089	0.036	0.087	2.492	0.013*		
	十米往返跑成绩	−0.037	0.020	−0.055	−1.792	0.073		
侧滑步成绩	（常量）	6.678	0.514		12.993	0.000**	0.104	0.099
	走平衡木成绩	−0.013	0.007	−0.057	−1.785	0.075		
	双脚连续跳成绩	−0.069	0.021	−0.109	−3.307	0.001**		
	坐位体前屈成绩	−0.076	0.009	−0.247	−8.344	0.000**		
	立定跳远成绩	0.009	0.004	0.083	2.267	0.024*		
	网球掷远成绩	0.079	0.049	0.055	1.618	0.106		
	十米往返跑成绩	−0.042	0.028	−.045	−1.489	0.137		
正手击抛落球成绩	（常量）	1.075	0.385		2.793	0.005**	0.178	0.174
	走平衡木成绩	−0.023	0.005	−0.129	−4.189	0.000**		
	双脚连续跳成绩	−0.036	0.016	−0.073	−2.294	0.022*		
	坐位体前屈成绩	0.058	0.007	0.238	8.396	0.000**		
	立定跳远成绩	0.009	0.003	0.107	3.045	0.002**		
	网球掷远成绩	0.139	0.036	0.125	3.808	0.000**		
	十米往返跑成绩	0.021	0.021	0.029	1.018	0.309		

表 4-6（续）

因变量	自变量	未标准化系数		标准化系数	T	P	R^2	调整后 R^2
		B	SE	β				
低手抛球成绩	（常量）	2.213	0.440		5.024	0.000**	0.068	0.063
	走平衡木成绩	−0.012	0.006	−0.062	−1.886	0.060		
	双脚连续跳成绩	−0.014	0.018	−0.026	−0.762	0.446		
	坐位体前屈成绩	−0.047	0.008	−0.179	−5.933	0.000**		
	立定跳远成绩	0.005	0.003	0.058	1.539	0.124		
	网球掷远成绩	0.155	0.042	0.130	3.723	0.000**		
	十米往返跑成绩	−0.006	0.024	−0.007	−0.233	0.816		

注：* 表示 $P<0.05$，** 表示 $P<0.01$。

第三节　3～6 岁幼儿基本动作技能与身体素质的关系分析

一、3～6 岁男、女幼儿身体素质水平均需提高

调查结果发现，3～6 岁幼儿身体素质水平半数以上为合格，良好、优秀和不合格的比例依次有所下降，不足三成的幼儿达到良好水平，仅一成左右的幼儿达到了优秀标准。这一结果与刘慧然等[156]的调查结果有契合之处，本次研究得出的幼儿体质合格率较之前有所下降，优秀率则有所上升。身体素质综合等级评定结果显示，女幼儿的优秀率和良好率均高于男幼儿，不合格率低于男幼儿。曾有研究指出这与女幼儿发育早于男幼儿有关，此外，还应思考教育、养育方式、环境和意识等深层次的原因[157]。本书认为，导致该结果出现的原因可能是源于幼儿园女教师偏多，日常园内开展的体育运动强度偏小，难以更大程度地激发男幼儿内在的身体潜能，在幼儿阶段，男、女幼儿的身体机能和素质尚未形成显著的生物学差异[47]，当缺乏有效的外界环境刺激时，便会导致男幼儿身体素质水平被女幼儿“比下去”。此外，身体素质六个项目中，女幼儿柔韧、灵敏、平衡素质表现均比男幼儿好，男幼儿仅在弹跳和腰腹力量素质方面比女幼儿突出，即男幼儿在立定跳远、网球掷远方面更有优势[158]，只是本书研究结果与其不同的是，研究中发现在反映

灵敏素质的十米往返跑项目上女幼儿略微好于男幼儿，可能是因为反映灵敏与协调素质的双脚连续跳项目女幼儿优于男幼儿。

二、幼儿身体素质水平与基本动作技能水平的关系显著

通过对走平衡木、双脚连续跳等六项身体素质总成绩分别与移动性动作技能总成绩、球类动作技能总成绩以及基本动作技能整体总成绩做相关分析，结果发现，身体素质总成绩与各类基本动作技能总成绩呈显著性正相关。身体素质各单项成绩与各类基本动作技能总成绩均有显著性的低到中度正相关，相关系数范围为 0.144～0.356，有研究指出 3～5 岁幼儿的粗大肌肉动作与体适能呈低到中度相关，但柔韧性排除在外[159]。本书认为柔韧性反映出幼儿躯体关节的灵活性和柔软度，在动作技能中会有一定的表现，因此，不应忽视身体柔韧性的作用。另外，网球掷远成绩与球类动作技能总成绩、基本动作技能总成绩呈现中度正相关，双脚连续跳成绩与基本动作技能总成绩呈现中度负相关。已有研究表明，球类动作技能对网球掷远的预测程度较大[74]。由于网球掷远属于上肢操控性技能，其成绩体现手对球这一物体的控制能力、上肢和腰腹部的力量，以及手-脚协调发力等特点，这些也是其他球类动作技能项目所需要具备的能力，从而反映球类动作技能水平。另有研究发现，球类动作技能突出的幼儿，会更愿意参与各项体育运动[160]。相应地，身体关节具备较好的稳定性与灵活性，肌肉的控制能力会有所改善，能够更好地完成各类基本动作技能[161]。因此，基本动作技能整体也可能会相应提升。网球掷远成绩与球类动作技能总成绩及基本动作技能总成绩的相关程度也更高。对于双脚连续跳项目而言，它反映了对幼儿的动作节奏、视-动协调、身体协调与灵敏、平衡等素质的考验，需要幼儿能够较好地控制自己的下肢力量和动作节奏，准确地跃过每一个障碍物。基本动作技能强的幼儿在双脚连续跳项目上用时更少。

进一步细化基本动作技能各个项目成绩，探讨其与身体素质各项成绩的关系，从横向上看，单脚跳、跑跳步、侧滑步、正手击抛落球和低手抛球成绩与走平衡木、双脚连续跳、坐位体前屈、立定跳远、网球掷远和十米往返跑成绩均有显著低相关关系。类似地还有，单脚跳、侧滑步、拍球、击球动作技能与幼儿的身体素质水平密切相关[75]。从纵向上看，网球掷远项目成绩和基本动作技能各项目成绩均有低相关关系。这是因为不同的身体素质测试

项目，如立定跳远、网球掷远、十米往返跑、双脚连续跳、坐位体前屈等能够反映幼儿对向上蹦跳、转体、抓握、跑等基本动作技能的掌握程度，幼儿通过参与一定的体育运动获得已有动作经验，在改善身体素质水平的同时，一定程度上也提升了幼儿基本动作技能水平。

三、通过改善幼儿身体素质水平可以促进基本动作技能的发展

身体素质六项成绩和各类基本动作技能总成绩的多元线性回归结果表明，身体素质各项成绩共同对基本动作技能总成绩、球类动作技能总成绩和移动性动作技能总成绩有一定的预测效应。已有研究发现，幼儿身体素质可以解释基本动作技能 15%～16%的变化[75]。根据相关程度而言，部分基本动作技能和身体素质成绩无显著相关性，可能是因为低龄儿童的大肌肉动作和心肺耐力、力量没有关系[162]。

本书对身体素质各项成绩与单脚跳、跑跳步、侧滑步、正手击抛落球和低手抛球成绩做线性回归分析后发现，虽然影响程度并不高，仍有显著性。相比之下，身体素质成绩更能反映和预测幼儿单脚跳和正手击抛落球的成绩。单脚跳的成功完成需要神经肌肉协调性、身体平衡能力以及下肢肌力等多项身体素质的支持[163]，同时基于单脚跳与身体素质有着共同的神经生理基础[75]，因为单脚跳动作技能对幼儿的腿部力量、膝关节和髋关节的灵活性、身体的平衡与协调要求较高，只有身体素质水平较高，才能更好地完成单脚跳的动作。对于正手击抛落球而言，完成动作技能需要幼儿对物体有较好的操控能力、髋关节的灵活转动，以及具备一定的身体协调与控制能力。同时，需要神经、肌肉系统各通路的相互配合，良好的运动感知觉能力、视-动整合等作为生理基础，而这一机制同样可以促进个体身体素质的发展[164]。幼儿平衡、力量、灵敏素质的改善，反过来使得单脚跳和正手击抛落球动作完成过程趋于成熟、准确。幼儿的运动能力某种程度上能够反映幼儿的身体素质水平[165]。因此，为促进基本动作技能发展，在提升身体素质水平的同时，应丰富体育运动的内容，及时消除幼儿活动中的“盲点”，科学评估幼儿动作技能状况，全面增强幼儿运动能力。

第五章　家庭养育环境对幼儿基本动作技能发展的影响

第一节　3～6岁幼儿家庭调查概况

一、调查对象基本情况

本书选取上海闵行、嘉定和浦东新区三个区幼儿园的家长发放了“幼儿基本动作技能发展影响因素的调查问卷（家长版）”，剔除无效问卷后，共获取有效问卷1 226份，用于分析幼儿家庭养育环境现状。在分析家庭养育环境对幼儿基本动作技能水平影响时，对幼儿基本动作技能成绩与家长问卷进行逐一对应和匹配，保留同时满足已测幼儿基本动作技能成绩和幼儿家长填写问卷的有效数据，最后所得有效样本量为911份。

二、调查实施过程

（一）调查工具的编制

本章在中国知网、谷歌学术等检索数据库中查阅与幼儿基本动作技能发展相关的家庭养育、家庭体育、运动环境方面的文献资料，综合了体育学、学前教育学等方面的知识，如家庭体育环境的概念、健康行为干预理论的应用、家庭养育方式对幼儿健康发展的影响等；借鉴花静[166]编制“儿童运动发育家庭环境量表”的相关内容，如户外活动场地中有专门供幼儿使用的游乐设施和场地、室内供幼儿玩耍和自由活动的空间等，确定了本问卷的维度并形成了问卷初稿。本问卷的维度主要包括幼儿基本信息、家庭基本情况、家庭室内外运动设施和空间情况、家长关于幼儿基本动作技能的认知情况、家长的运动态度和行为、家长关于发展幼儿基本动作技能的态度和行为等六个方面。运用德尔菲法，将自编的“幼儿基本动作技能发展影响因素的调查问卷（家长版）”的初稿发放给幼儿体育发展方面的专家学者以及幼儿园园长共11位（见表5-1），咨询并汇总专家对问卷的维度划分、各维度的问题设计以及选项安排等方面意见和修改建议。专家提出的意见主要包括：部分题目的表述有些模糊，维度下调查的内容涵盖不全面，问题的选项需要再考虑完善，个别题目设计的针对性不强等。经过几轮修改后，该问卷题目从初始的41道修改为31道，最终形成“幼儿基本动作技能发展影响因素的调查问卷（家长版）”（见附件4）。

表5-1 咨询专家列表

专家	工作单位	职称/职务
汪**	华东师范大学	教授
王**	首都体育学院	教授
董**	北京大学	教授
杨**	华南师范大学	教授
马**	上海师范大学	教授
赵**	温州大学	教授
王**	上海交通大学	副教授
郭**	宁波大学	副教授
王**	华东师范大学闵行永德实验幼儿园	园长
华**	上海市静安区大宁国际幼儿园	园长
李**	莱阳市实验幼儿园	副园长

（二）调查问卷的信效度校验

1. 调查问卷的效度检验

为确保问卷能够达到调查的目的，采用内容效度的方法进行检验。研究中提到，在进行内容效度评定时，专家人数不能少于3位，最好是5位以上[167]。因此，本书邀请上述专家中的6位对问卷维度、各维度下设计内容的适切性以及语言表述的合理性进行评议打分。本书将效度检验等级分为四级，分别是：1为不太合适，2为一般，3为比较合适，4为非常合适。将专家评议为3或者4的定为“是”，评议为1或者2的定为“否”。经过专家的综合评价，问卷条目的内容效度指数（I-CVI）的比值均在 0.83 以上，全体一致的内容效度指数（S-CVI/UA）的比值为 0.81，平均 S-CVI（S-CVI/Ave）的比值为 0.97，均符合检验标准，表明该问卷的内容效度较好。

2. 调查问卷的信度检验

为保证问卷收集后所得数据的可信度，采用重测信度检验法。重测信度可以反映问卷的稳定性与一致性程度。一般而言，重测信度间隔时间以 1～2 周较为常见。本书在调查对象中抽取 78 位幼儿家长进行问卷发放，在测试后 10 天再次邀请同一批家长进行问卷填写，通过比对两次的调查结果检验问卷信度。结果显示，问卷整体重测信度为 0.834，表明该问卷的信度良好。

（三）调查的准备

筛选调查对象，并与所调查的各个幼儿园园长和教师沟通调查的目的、时间与形式，请幼儿园教师提醒幼儿家长认真地填写自己家庭的真实情况，以确保回收问卷数据的质量。

（四）调查的实施

问卷确定之后，选择使用电子问卷星的形式，在各个幼儿园园长和保教主任的协助下，由幼儿园班级教师向学生家长群里发放本调查问卷的二维码链接，并要求幼儿家长在一周内填写完成。

（五）调查数据的整理与分析

使用 Excel 2010 和 SPSS 23.0 软件对所回收的调查数据进行清洗与整理，采用基本统计量、独立样本 T 检验、单因素方差分析、卡方检验等数据统计方法进行调查结果的处理。

第二节 3～6 岁幼儿家庭养育环境调查结果

一、关于幼儿基本动作技能发展的家庭养育环境现状调查结果

（一）幼儿家庭室内外运动设施和空间总体处于一般水平

所调查的幼儿家长对“家庭附近有可供孩子进行体育运动的游乐设施（天然和人工安置的均可）”的调查结果显示，40.6%的家长选择了“较多”或

者“很多”，还有42.5%的家长选择了“一般”。在“家里可供孩子进行体育运动的空间(专门的和公共的均可)”方面，29.8%的家长选择了“较多”或者“很多”，还有48.9%的家长选择了“一般”，21.3%的家长选择了“较少”或者“很少”。在“家里供孩子进行体育运动的地方有安全防护的措施”的问题上，8.4%的家长选择“很多”，26.9%的家长选择“较多”，47.5%的家长选择“一般”。关于“家里有多功能垫、呼啦圈、跳绳、各种颜色和尺寸的球、球拍(棒)等让孩子进行体育运动的玩具”的调查结果，50.8%的家长选择为“较多”或者“很多”，还有36.1%的家长选择了“一般”(见表5-2)。由此可见，家庭和运动有关的玩具相对其他问题而言，情况更好。

表5-2　家庭室内外运动设施和空间的相关问题

调查内容	室外游乐设施		室内活动空间		家庭安全防护措施		家庭和运动有关的玩具	
	频数	占比/%	频数	占比/%	频数	占比/%	频数	占比/%
很少	37	3.0	51	4.2	52	4.2	24	2.0
较少	170	13.9	210	17.1	159	13.0	136	11.1
一般	521	42.5	600	48.9	582	47.5	443	36.1
较多	347	28.3	277	22.6	330	26.9	435	35.5
很多	151	12.3	88	7.2	103	8.4	188	15.3

(二) 家长关于发展幼儿基本动作技能的认知调查结果

1. 家长对幼儿基本动作技能发展的重视程度高

调查关于家长关注幼儿基本动作技能发展方面，主要从幼儿家长对基本动作技能的认识、重要性的理解以及日常关注情况展开。结果显示，幼儿家长对基本动作技能的认识处于了解不太深入的层次，所调查的家长中“比较了解”或者“很了解”的家长占31.9%，近一半家长选择“一般”。但是在基本动作技能发展对幼儿全面健康成长的重要性方面，绝大多数幼儿家长认为是重要的，占总人数的94.1%。另外，在是否关注自己孩子的基本动作技能发展方面，59.4%的幼儿家长选择“总是”“经常”关注，35.2%的家长选择“一般”(见表5-3)。这一结果表明，家长对幼儿基本动作技能发展的了解仍不深入，但家长认为基本动作技能发展对促进幼儿全面健康成长的观点还是很认可的，也经常关注幼儿基本动作技能的发展情况。

表 5-3　家长关于发展幼儿基本动作技能认知的相关问题

调查内容	选项	频数	百分比/%
对基本动作技能的认识程度	很不了解	11	0.9
	不太了解	232	18.9
	一般	593	48.4
	比较了解	328	26.8
	很了解	62	5.1
对发展基本动作技能重要性的理解	很不重要	1	0.1
	不太重要	0	0
	一般	71	5.8
	比较重要	407	33.2
	很重要	747	60.9
日常关注基本动作技能的情况	从不	4	0.3
	偶尔	63	5.1
	一般	431	35.2
	经常	543	44.3
	总是	185	15.1

2. 父母被认为是对幼儿基本动作技能发展影响程度最大的群体

调查幼儿家长关于影响幼儿基本动作技能发展群体的认知情况，对妈妈、爸爸、兄弟姐妹、同学/朋友、幼儿老师等群体进行由高到低的排序。结果发现：在“妈妈”这一选择项中，35.5%的家长选择将“妈妈”作为影响程度的第一位；在“爸爸”这一选择项中，34.2%的家长选择将“爸爸”作为影响程度的第一位；在“幼儿教师”这一选择项中，28.5%的家长选择将“幼儿教师”作为影响程度的第三位；在“同学/朋友”这一选择项中，25.4%的家长选择将“同学/朋友”作为影响程度的第四位；在“兄弟姐妹”这一选择项中，46.6%的家长认为这一群体不会影响幼儿的基本动作技能发展(见图 5-1)。由此可知，幼儿家长认为，影响幼儿基本动作技能发展的群体由最重要到不重要的排序是：母亲、父亲、幼儿教师、同学/朋友、兄弟姐妹。

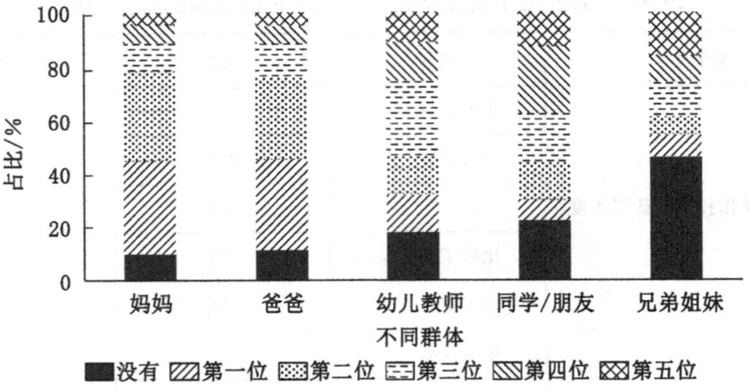

图 5-1　不同群体对幼儿基本动作技能发展的影响程度

（三）关于幼儿家长的运动态度和行为调查结果

1. 幼儿家长对体育运动参与兴趣程度在关注幼儿基本动作技能发展方面有显著差异

为了解幼儿家长参与体育运动的态度，对其展开关于“您是否喜欢参与体育运动”的调查。结果显示，47.3％的家长选择了“比较喜欢”或者“很喜欢”，而不喜欢参与体育运动的家长仅占 9.2％（见图 5-2）。这表明当前幼儿家长对体育运动的态度相对而言比较积极，但还有进一步提升的空间。

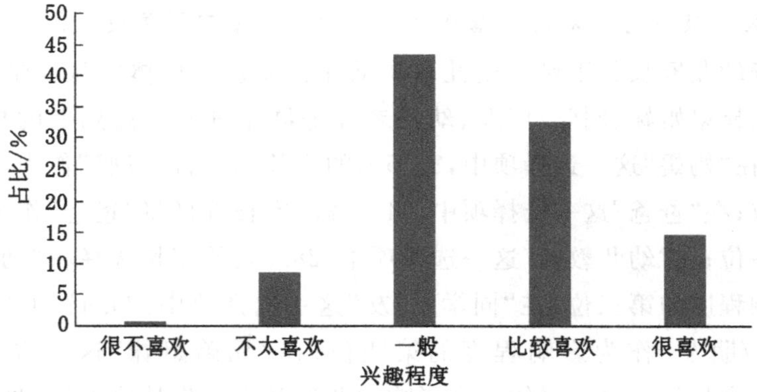

图 5-2　幼儿家长关于参与体育运动的兴趣程度

为了解幼儿家长参与体育运动兴趣与关注幼儿基本动作技能发展方面是否有差异，本书进行卡方检验。结果显示，家长参与体育运动的兴趣与关注幼儿基本动作技能发展方面呈显著相关性($\chi^2=190.160$,$P<0.01$),见表 5-4。尤其是喜欢参与体育运动的家长,他们在关注幼儿基本动作技能发展方面做得更好。

表 5-4 家长参与体育运动的兴趣与关注幼儿基本动作技能发展的交叉表

			您是否喜欢参与体育运动					χ^2	P
			很不喜欢	不太喜欢	一般	比较喜欢	很喜欢		
您平时是否关注孩子的基本动作技能发展情况	从不	计数	0	1	1	2	0	190.160	0.000**
		占比/%	0	1.0	0.2	0.5	0		
	偶尔	计数	1	19	32	6	5		
		占比/%	12.5	18.3	6.0	1.5	2.8		
	一般	计数	4	56	224	122	25		
		占比/%	50.0	53.8	41.9	30.5	13.9		
	经常	计数	3	21	224	212	83		
		占比/%	37.5	20.2	41.9	53.0	46.1		
	总是	计数	0	7	53	58	67		
		占比/%	0	6.7	9.9	14.5	37.2		

注:** 表示 $P<0.01$。

2. 幼儿家长在体育运动方面投入的时间和资金均与家庭室内运动空间设施显著正相关

关于幼儿家长"一周进行体育运动的累计时间"调查结果中发现,一周进行 2 小时以下体育运动的群体占 38.0%,2~4 小时体育运动的群体占 35.9%。另外,关于幼儿家长"在体育运动方面投入占家庭可支配总投入"问题上,78%的幼儿家长在体育运动方面的投入占 4%及以下,仅有 14.3%的幼儿家长选择体育运动方面投入占总投入的 5%~7%(见表 5-5)。这表明幼儿家长在体育运动方面投入的时间和资金还有待提升。

对幼儿家长在体育运动方面投入的时间成本与资金成本深入挖掘,研究其与家庭室内运动设施和空间的因素是否相关,采用相关分析法,选用斯皮尔曼相关系数进行判断。相关分析结果显示,无论是家长在参与体育运动的时间方面,还是在体育运动方面的投入,都与室内活动空间、家庭安全防护措施以及家庭和运动有关的玩具有显著的正相关关系(见表 5-6)。但就幼儿家长进行体育运动的时间以及家长在体育运动方面的投入而言,幼儿家长进行体育运动的时间与家庭室内运动空间设施相关性则更高。

表 5-5　幼儿家长在体育运动方面投入的时间和资金

调查内容	选项	频数	百分比/%
一周进行体育运动的累计时间	7 小时以上	65	5.3
	4～7 小时	255	20.8
	2～4 小时	440	35.9
	2 小时以下	466	38.0
在体育运动方面投入占家庭可支配总投入	10%以上	34	2.8
	8%～10%	61	5.0
	5%～7%	175	14.3
	2%～4%	377	30.8
	2%以下	579	47.2

表 5-6　幼儿家长在体育运动方面投入的时间和资金与家庭室内运动设施空间的相关分析

	室内活动空间	家庭安全防护措施	家庭和运动有关的玩具
一周进行体育运动的累计时间	0.288**	0.314**	0.308**
在体育运动方面投入占家庭可支配总投入	0.218**	0.278**	0.207**

注:** 表示 $P<0.01$。

(四)家长关于发展幼儿基本动作技能的态度与行为调查结果

1. 家长支持与鼓励幼儿参加与基本动作技能相关的体育运动

通过幼儿家长是否支持和鼓励幼儿参与发展基本动作技能的运动以了解幼儿家长的态度。调查结果显示,选择"很支持"的家长占 54.6%,"比较支持"的家长占 35.9%,表明幼儿家长对幼儿参加与基本动作技能发展相关的体育运动比较支持。与此同时,有 51.3%的家长选择"经常"鼓励和帮助幼儿克服体育运动中学习新的动作技能时遇到的困难,还有 26.3%的家长选择“总是”鼓励和帮助幼儿（见图 5-3 和图 5-4）。相对于支持程度而言，幼儿家长鼓励的程度则相对略低。

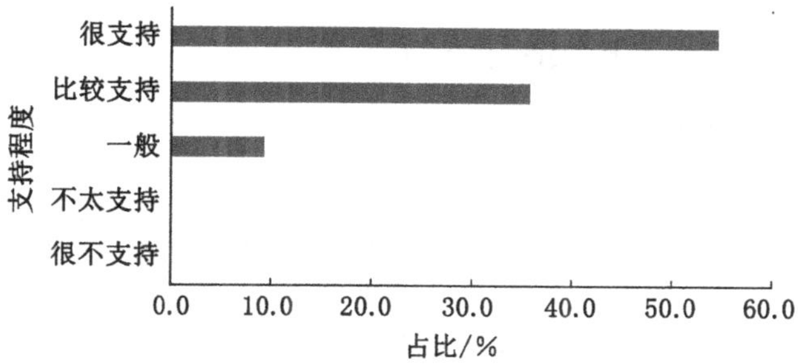

图 5-3　家长支持幼儿参加与基本动作技能相关的体育运动

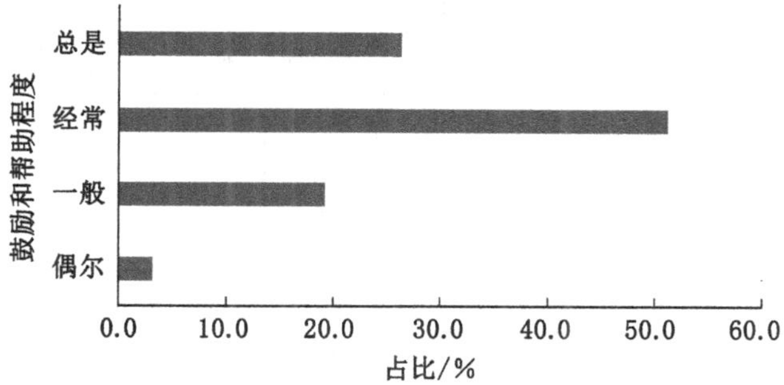

图 5-4　家长鼓励和帮助幼儿克服学习新的动作技能时遇到的困难

2. 亲子体育运动时间多数在每天 30 分钟左右，母亲作为主看护者的亲子运动时间更长

为了解幼儿家长与幼儿日常的亲子体育运动时间，本书通过“一周陪孩子共同进行各种体育运动的时间”问题进行调查，结果显示，幼儿家长一周陪伴幼儿共同进行各种体育运动的时间以 2～4 小时居多，占 41.9%（见图 5-5）。这表明幼儿家长与幼儿体育游戏运动的时间每天仅在 30 分钟左右。

由于幼儿在成长过程中有着不同的看护者，为了解不同看护者在亲子体育运动时间上是否存在不同的情况，对不同看护者下幼儿亲子体育运动时间的差异性进行卡方检验。结果表明，不同看护者在亲子体育运动的时间长短上存在显著差异（$\chi^2=35.762$，$P<0.01$），见表 5-7。从陪伴时间上来看，每周陪伴幼儿亲子体育运动时间在 4 小时以上的看护者主要为母亲，而

在4小时以下的看护者主要为祖父母。

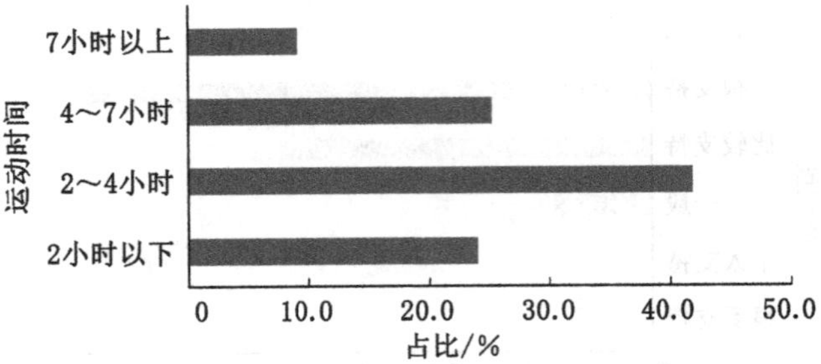

图5-5　幼儿亲子体育运动的时间

表5-7　幼儿家长亲子体育运动时间与幼儿的主要看护者的交叉表

			孩子的主要看护者					χ^2	P
			妈妈	爸爸	祖父母	保姆	其他		
一周陪孩子共同进行各种体育运动的时间	2小时以下	计数	97	6	179	2	9	35.762	0.000**
		占比/%	33.1	2.0	61.1	0.7	3.1		
	2～4小时	计数	221	12	259	3	19		
		占比/%	43.0	2.3	50.4	0.6	3.7		
	4～7小时	计数	148	9	139	1	10		
		占比/%	48.2	2.9	45.3	0.3	3.3		
	7小时以上	计数	61	8	41	1	1		
		占比/%	54.5	7.1	36.6	0.9	0.9		

注：**表示 $P<0.01$。

3. 幼儿亲子体育运动的类型主要以追逐和球类游戏为主

对“平时陪孩子一起参与体育运动的类型”展开调查，其结果显示，55.1%的幼儿家长选择将追逐类游戏排在第一位，29.8%的幼儿家长选择将球类游戏排在第二位，16.7%的幼儿家长选择将投掷类游戏排在第三位，14.9%的幼儿家长选择将对抗类游戏排在第四位，见图5-6。由此可见，幼儿家长与幼儿共同进行体育运动的类型主要以追逐类游戏为主，其次会选择球类游戏。

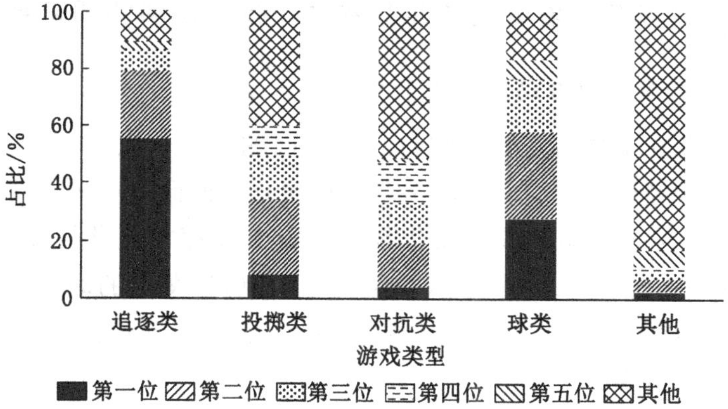

图 5-6　家长陪幼儿一起参与体育运动的游戏类型排位

4. 增加亲子体育运动时间被认为是促进幼儿基本动作技能发展的关键

调查结果表明，绝大多数的幼儿家长认为增加亲子体育运动的时间是促进幼儿基本动作技能发展的重要手段，也是幼儿家长最需要改进的方面。此外，丰富体育知识，做好运动榜样作用，及转变理念，坚持科学养育也被家长们认为是促进基本动作技能发展至关重要的途径，见图 5-7。

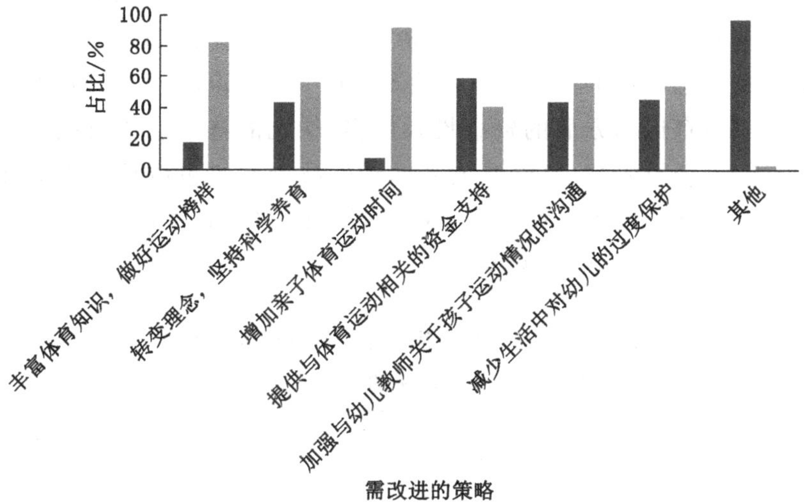

图 5-7　幼儿家长为促进孩子基本动作技能发展需改进的策略

二、家庭养育环境影响幼儿基本动作技能发展的调查结果

(一) 爬行显著提升幼儿基本动作技能总体水平

针对幼儿在走之前是否有爬行经历的问题向家长展开了相关调查，对经历爬行和未经历爬行幼儿的基本动作技能总分进行独立样本 T 检验。结果显示，爬行与否在幼儿基本动作技能总分方面存在显著性差异（$T_{爬行}=-3.171$，$P<0.01$），见表 5-8。从均值上看，经历过爬行的幼儿基本动作技能总分的分值明显高于未经历过爬行的幼儿，表明经常爬行的幼儿，其基本动作技能水平更高。

表 5-8 是否经历过爬行的幼儿基本动作技能总分值独立样本 *T* 检验比较表

类别	*N*	*M*	*SD*	*T*	*P*
爬行	851	40.53	6.549	−3.171	0.002**
不爬行	60	37.75	6.824		

注：** 表示 $P<0.01$。

(二) 家长对体育运动的资金投入显著影响幼儿基本动作技能水平

为讨论幼儿家长在体育运动方面的投入是否会导致幼儿基本动作技能水平上有差异，进行了单因素方差分析。结果显示，不同的资金投入在幼儿基本动作技能总体水平上呈现显著性差异（$F=3.560$，$P<0.01$），见表 5-9。家长在家庭体育运动方面的资金投入越多，幼儿的基本动作技能总成绩也越好；反之，资金投入越少，幼儿的基本动作技能水平也越低。当幼儿家长在体育运动方面的投入占家庭可支配总投入的 10%以上时，幼儿基本动作技能水平呈现显著性差异，见表 5-10。

表 5-9 家长对体育运动不同程度资金投入与幼儿基本动作技能水平的单因素方差分析表

	平方和	*df*	均方	*F*	*P*
组间	613.277	4	153.319	3.560	0.007**
组内	39 019.417	906	43.068		
总计	39 632.694	910			

注：** 表示 $P<0.01$。

表 5-10　家长对体育运动不同程度资金投入的幼儿基本动作技能水平两两比较分析表

各组均值	$\overline{X}_i-39.93$	$\overline{X}_i-40.41$	$\overline{X}_i-40.49$	$\overline{X}_i-40.81$
$\overline{X}_{10\%以上}=44.85$	4.92** ($P=0.000$)	4.44** ($P=0.001$)	4.36** ($P=0.002$)	4.04* ($P=0.012$)
$\overline{X}_{8\%\sim10\%}=40.81$	0.88 ($P=0.380$)	0.40 ($P=0.696$)	0.32 ($P=0.772$)	
$\overline{X}_{5\%\sim7\%}=40.49$	0.56 ($P=0.388$)	0.08 ($P=0.905$)		
$\overline{X}_{2\%\sim4\%}=40.41$	0.48 ($P=0.348$)			
$\overline{X}_{2\%以下}=39.9$				

注：* 表示 $P<0.05$，** 表示 $P<0.01$。

（三）幼儿报名园外体育类培训班显著影响幼儿基本动作技能水平

为探讨参加幼儿培训班对幼儿基本动作技能水平是否产生影响，进行了家长为幼儿报名园外体育类培训班与幼儿基本动作技能水平的单因素方差分析。结果显示，幼儿参与园外体育类培训班的数量在基本动作技能水平方面存在显著性差异（$F=9.157$，$P<0.01$），见表 5-11。参与园外体育类培训班在 3 个以上的幼儿基本动作技能成绩最好，报名 3 个及以上培训班幼儿的基本动作技能水平与报名 2 个、1 个以及未报名培训班幼儿的基本动作技能水平存在显著性差异，未报名培训班幼儿的基本动作技能水平与报名培训班幼儿的基本动作技能水平也存在显著性差异，见表 5-12。

表 5-11　家长为幼儿报名不同数量培训班与幼儿基本动作技能水平的单因素方差分析表

	平方和	df	均方	F	P
组间	1 165.097	3	388.366	9.157	0.000**
组内	38 467.596	907	42.412		
总计	39 632.694	910			

注：** 表示 $P<0.01$。

表 5-12　家长为幼儿报名不同数量培训班的幼儿基本动作技能水平两两比较分析表

各组均值	$\overline{X}_i-39.72$	$\overline{X}_i-40.72$	$\overline{X}_i-41.52$
$\overline{X}_{3个及以上}=46.00$	6.28** (P=0.000)	5.28** (P=0.000)	4.48** (P=0.002)
$\overline{X}_{2个}=41.52$	1.80* (P=0.017)	0.80 (P=0.326)	
$\overline{X}_{1个}=40.72$	1.00* (P=0.043)		
$\overline{X}_{无}=39.72$			

注：* 表示 $P<0.05$，** 表示 $P<0.01$。

第三节　幼儿家庭养育环境对基本动作技能影响分析

一、幼儿家长普遍认可幼儿基本动作技能发展的重要性

通过调查可知，大多数幼儿家长能够认识到幼儿基本动作技能发展对健康成长的重要性，在日常生活中对幼儿基本动作技能的发展也会有所关注，尤其喜欢参与体育运动的家长对幼儿基本动作技能的关注度更高。研究显示，喜欢参与体育运动与家长关注幼儿基本动作技能有显著相关性，喜欢体育运动的家长，其健康素养水平相对较高，对幼儿的运动能力以及健康水平也会产生一定的积极影响。父母积极参与体育运动能为幼儿提供较多的运动机会，为幼儿创造性运用身体活动认识世界提供条件[168]。作为幼儿家长，母亲被认为是影响幼儿基本动作技能发展程度最密切的角色，其次是父亲。曾有研究同样指出，在幼儿阶段主要以母亲教养为主[169]。在调查幼儿家长支持与鼓励幼儿参加与基本动作技能发展相关的体育运动时，大多数家长能够做到支持和鼓励幼儿，同时帮助幼儿解决在学练新的动作技能时遇到的困难。但由于一些幼儿家长对基本动作技能发展的认识与理解不够深入，在日常生活中则不可避免地遇到指导手段匮乏，抑或指导不得法的窘境，从而产生心有余而力不足的遗憾。

对于幼儿家长而言，他们认为促进幼儿基本动作技能发展，首先需要在亲子体育运动的时间上有所增加；其次是补充体育知识，做好运动榜样；再次是转变理念，坚持科学养育。这反映出幼儿家长认为当前陪伴亲子运动

的时间最难以保证，同时认为自己关于基本动作技能发展相关的体育知识积累不够，科学的养育理念也亟须改善。常言道，理念先行，实践至上。事实上，没有对基本动作技能发展的全面深刻认识，就难以克服家长在指导和改善幼儿基本动作技能发展过程中遇到的困难，更难以从自身出发，发挥运动榜样作用，实现增加亲子体育运动时间等方面的举措。

二、注重早期爬行经历可促进幼儿基本动作技能发展

通过调查发现经历过爬行的幼儿在基本动作技能总体水平上显著优于未爬行的幼儿。其原因可能是幼儿在学会走之前练习爬行的过程中，有效锻炼了幼儿手、脚、眼和感官相互协调的能力。爬行对于幼儿前庭系统是一种积极刺激，爬行能够使幼儿的平衡、视-动统合能力均得以提高[170]。学者曾经指出，运用四肢爬行，能够促使双手最大限度地张开，通过对抗地心引力保持身体的平衡，从而为日后的平衡能力打下基础。另外，爬行能够支持胼胝体的发展，调节双侧脑半球的运作。爬行有利于促进前庭系统、本体感受系统以及视觉系统的联系，发展幼儿的空间感和深度知觉[171]。

从动作发展的规律性过程来看，爬行动作是幼儿独立完成的第一个移动性动作技能，具有里程碑式的意义，更是基本动作技能发展的动作基础。幼儿在练习爬行的过程中，也是基本动作技能发展内化的一种体现，不断地尝试从早期爬行到成熟爬行的体验，在通过重复熟练后成为一种自主运动行为模式，这种模式是自我运动记忆强化的开始，完成爬行需要双手、双脚规律性对称运动，可以提高手、脚的协调配合，控制身体的稳定与平衡，锻炼身体的方向感、流畅性和节奏感，逐渐成为幼儿运动记忆的一部分。对于幼儿而言，掌握略微复杂、需要寻求一定顺序的基本动作技能，运动记忆和运动质量显得非常重要，其练习时不仅需要回忆单个动作的要领，还要保证整个动作技能顺序的衔接和完整性，已经在早期积累的运动记忆能力和通过不断练习提升的运动质量随着幼儿身体发展不断得到强化。因此，随着年龄的增长，幼儿才能在掌握基本动作技能的过程中不断改善运动能力，进而为个体终身体育锻炼所用。国外学者曾对 4～9 个月大的婴儿在地板上爬行的时间、在母亲肚子上趴着的时间、家庭中的运动游戏设备等家庭相关因素对基本动作技能的预测性展开研究，在其 5 岁时进行基本动作技能水平的测试，测试后发现对于 4 个月的婴儿，在地板上爬行和在母亲肚子上趴着

的时间越长，幼儿5岁时的操控性动作技能越好。对于9个月的婴儿，使用更多的运动游戏器具进行身体活动时，他们5岁时的移动性和操控性动作技能都有提升[172]。

三、家长重视自身体育行为对幼儿基本动作技能发展的积极影响

本书发现，幼儿家长熟练掌握体育运动项目的数量与幼儿基本动作技能水平有显著相关性。一般而言，熟练掌握体育运动项目的数量取决于参与体育运动的程度。家长参与体育运动的行为可能对幼儿参与体育运动产生积极的影响，这种影响可能存在两个方面：一是对幼儿参与体育运动起到示范作用，二是对幼儿参与体育运动起到强化作用[173]。与此同时，经常参与体育运动的家长也可能更关注幼儿基本动作技能的发展，在幼儿家长关注与示范中成长的幼儿，其基本动作技能发展更为突出。研究还发现，幼儿家长熟练掌握体育运动项目的数量与家中体育运动相关的玩具数量也显著相关。开展家庭亲子体育游戏需要配备相关器材，拥有更多与体育运动相关的玩具，从而为增加亲子体育游戏创造了更多的机会。对于缺少体育专业背景的幼儿家长来讲，亲子体育游戏开展的关键影响因素在于体育运动相关的器具等[173]。家长在熟练掌握多种体育运动项目的基础上，能够借助更多的体育游戏玩具与幼儿进行体育类互动游戏。

调查中发现，幼儿家长每周进行体育运动的时间与家中供幼儿进行体育运动的空间、进行体育运动的安全防护措施及家中体育运动相关的玩具数量等因素显著相关。已有研究指出，家长体育运动行为会显著影响到幼儿家庭体育运动量[173]，而幼儿家庭体育运动需要具备一定的活动空间、体育运动相关的玩具，以及适宜的安全防护措施作为环境保障，才能更好地保证幼儿家庭体育运动的顺利开展。父母每周陪伴幼儿参与适量的体育运动，有助于提升幼儿的身体素质[174]。就目前来看，家长每周参与体育运动的时间还不够充分。对于经常参加体育锻炼的人，每天有效体育健身运动时间为30～90分钟[175]，才能达到体育运动时间量。一方面，有利于维持幼儿家长自身稳定的健康水平，实现健身效果；另一方面，有助于增加幼儿家庭体育运动量，从而促进幼儿基本动作技能的发展。

四、幼儿参与园外体育类培训班有助于基本动作技能的发展

本书发现，家长为幼儿报名体育类培训班数量在幼儿基本动作技能水

平方面存在显著性差异，尤其是报名两项以上的幼儿比报名一项或者未参加培训班的幼儿基本动作技能水平更高。类似的研究还有，4～6岁幼儿参与体育类培训班对身体素质的提升有积极效果[174]。“不能让孩子输在起跑线上”的育儿理念深入人心，尤其在经济发达程度高的一线城市，社会节奏更快，竞争压力更大，使得家长高度重视幼儿的体育兴趣培训。有研究提出，几乎所有普通家庭对幼儿课外兴趣培训方面的投入都毫不吝啬，甚至经济不宽裕的家庭也会保证幼儿参与课外体育兴趣项目的培训[176]。在全国幼儿体育趣味赛总决赛活动上，专家提到，随着家长对幼儿健康和幼儿体育的重视程度越来越高，近些年，国内幼儿体育培训机构的数量每年都以翻倍的速度增长[177]。对于幼儿家长而言，他们更愿意选择让幼儿得到系统和规范的运动培训与学习，反映出家长已经对幼儿体育发展的科学性有所认识。

面对当前幼儿体育培训市场鱼龙混杂，难以很好地满足幼儿家长消费体验满意度的状态，我们亟须在幼儿体育培训市场领域中传递发展基本动作技能的理念，不断提升培训机构教师的专业水平和知识结构，制定科学、精准、有效的运动方案，使得幼儿能够在趣味性的体育运动中获得积极、成功的运动体验。与此同时，幼儿教师要不断更新体育教学理念和提高体育教学能力。在幼儿园阶段最主要的是幼儿运动技能的协调发展，这是幼儿未来运动技能发挥最为重要的基础，也是幼儿体育的核心。该阶段不仅是教给幼儿具体的技能，而且要将技能融入设计的游戏中，让幼儿在玩的过程中自然而然地掌握运动技能[178]。这种通过运动游戏发展幼儿基本动作技能的方式是幼儿体育培训市场与幼儿园教学活动中始终要秉持的基本原则。

第六章 幼儿园体育运动环境对基本动作技能发展的影响

第一节 幼儿园体育运动环境概况

一、调查对象基本情况

本书选取了上海闵行区、嘉定区和浦东新区幼儿园教师发放了“幼儿基本动作技能发展影响因素的调查问卷(教师版)”。之后,对幼儿基本动作技能测试成绩与幼儿教师问卷进行逐一对应和匹配,保留同时满足已测幼儿基本动作技能成绩和对应班级幼儿教师填写问卷的有效数据,最后获得有效样本量为1 376份。

二、调查实施过程

(一)调查工具的编制

本章在中国知网、维普、谷歌学术等检索数据库中查阅与幼儿园体育运动环境相关的文献资料,综合体育学、学前教育学、心理学等多学科理论知识,如有效教学的重要元素、幼儿体育教学的方法以及幼儿身心发展特点等,借鉴胡云华[171]编制“运动环境评量表(MOVERS)”中的有关内容,确定问卷维度,主要包括幼儿教师的基本信息、幼儿园运动器材设施和空间、教师关于幼儿基本动作技能发展的认知、教师组织幼儿运动的内容情况、教师组织幼儿运动的教学策略和家园互动等六个维度的内容,形成了“幼儿基本动作技能发展影响因素的调查问卷(教师版)”初稿。之后,使用德尔菲法,邀请本领域内的11位权威专家学者(同第五章)对制定问卷的维度划分、各维度的问题设计以及选项安排等提出修改建议。由此,问卷题目也从初始的40道修改为31道。专家们提出的意见主要包括部分题目表述笼统、维度下的内容与家长问卷的内容不够对应、有些问题与运动无关以及个别题目的区分度不够等。在专家给出建议的基础上对问卷进行相应的补充与修改,经过若干轮的不断完善之后,最终形成"幼儿基本动作技能发展影响因素的调查问卷(教师版)"(见附件5)。

(二)调查问卷的信效度检验

1. 问卷效度检验

为确保问卷能够达到调查的目的,采用内容效度的方法进行检验,与家长版问卷的效度检验过程相同。邀请同样的六位专家对问卷维度和各维度下设计内容的适切性及语言表述的合理性进行评议打分。检验过程不再赘述。经过专家的综合评价,问卷条目的内容效度指数(I-CVI)的比值均在0.83以上,全体一致的内容效度指数(S-CVI/UA)的比值为0.87,平均S-CVI(S-CVI/Ave)的比值为0.98,均符合检验标准,表明该问卷的内容效度较好。

2. 问卷信度检验

为保证问卷收集后所得数据的可信度,采用重测法,与家长版问卷相同。本书在调查对象中抽取36名幼儿教师进行问卷发放,测试后10天再次请同一批教师进行问卷填写,通过比对两次的调查结果检验问卷信度,问卷整体重测信度为0.781,表明问卷的信度良好。

(三)调查的准备

研究者与所调查的幼儿园园长和保教主任沟通确定调查的目的、时间与形式,告知幼儿园园长和保教主任提醒幼儿教师认真填写,以确保回收问卷数据的质量。

(四)调查的实施

问卷确定后,通过幼儿园园长和幼儿教师之间的宣传与协助,在各幼儿园教师互联网通信软件群中发放"幼儿基本动作技能发展影响因素的调查问卷(教师版)"二维码链接,要求幼儿教师在3天内填写完成。

(五)调查数据的整理与分析

使用Excel 2010和SPSS 23.0软件对所获得的调查数据进行清洗与整理,采用基本统计量、单因素方差分析、卡方检验、相关分析等方法进行数据处理。

第二节　幼儿园体育运动环境调查结果

一、幼儿教师关于基本动作技能发展现状的调查结果

（一）幼儿教师以本科学历为主，更擅长音乐与美术

本书对幼儿教师的基本情况进行调查，调查结果显示，学历方面，幼儿教师一般为本科毕业，占比89.6%，大专毕业占比8.0%，研究生及以上毕业的仅占2.5%。在了解幼儿教师所擅长的专业后发现，幼儿教师中擅长美术的占比36.2%，擅长音乐的占21.5%，擅长体育的仅占12.3%。在幼儿教师职称等级方面，二级教师占比42.9%，一级教师占30.1%，无职称等级的教师占比22.1%（见表6-1）。

表6-1　幼儿教师的基本情况

调查内容	选项	频数	百分比/%
学历	中专	0	0
	大专	13	8.0
	本科	146	89.6
	研究生及以上	4	2.5
擅长专业	音乐	35	21.5
	体育	20	12.3
	美术	59	36.2
	舞蹈	6	3.7
	其他	43	26.4
职称等级	高级教师	8	4.9
	一级教师	49	30.1
	二级教师	70	42.9
	无	36	22.1

（二）幼儿园运动器材设施和空间良好，基本能满足幼儿的运动需求

运动器材设施和空间是幼儿进行各种体育运动的前提和基础，是促进

幼儿基本动作技能发展的物质保障。因此，本书针对幼儿园当前的器材设施和空间情况展开调查。调查结果显示，无论是幼儿园内的运动器材，或是幼儿园室内外的运动空间，大多数幼儿教师都比较满意，认为能够满足幼儿的各种体育运动需求，便于同时开展多样化的幼儿体育运动。相对于室外运动空间而言，幼儿教师对室内运动空间满足幼儿体育运动需求的满意度相对较低。关于幼儿园体育运动场地的人均面积大部分幼儿教师认为都在2平方米以上，但有一部分幼儿教师对体育运动场地的人均面积不太关注(见图6-1和图6-2)。

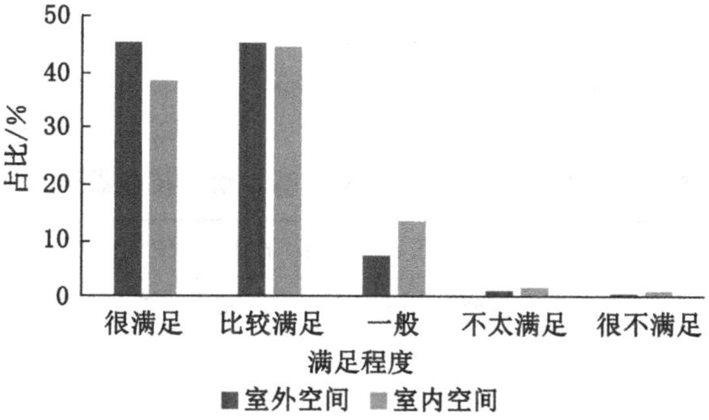

图6-1　幼儿园室内外空间满足幼儿体育运动的程度

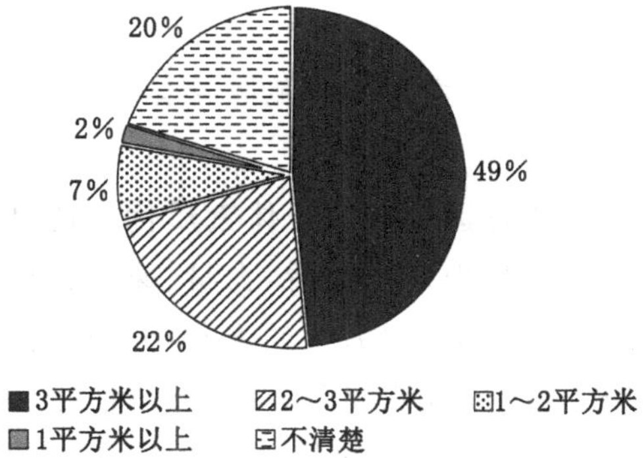

图6-2　幼儿园里幼儿体育运动场地的人均面积

（三）幼儿教师关于基本动作技能发展认知的调查结果

1. 幼儿教师对基本动作技能相关知识了解程度在专业指导认识程度上有显著差异

对基本动作技能相关知识的了解有助于幼儿教师更深入地理解幼儿的动作发展规律和特征，并对其进行专业指导。研究表明，幼儿教师对基本动作技能相关知识的了解程度与发展基本动作技能需要专业指导的认识程度有显著差异（$\chi^2=9.099$，$P<0.05$），见表6-2。幼儿教师很了解基本动作技能的相关知识，更认可发展基本动作技能很需要专业指导，其次是比较了解基本动作技能的相关知识的幼儿教师，也认可发展基本动作技能很需要专业指导。幼儿教师是否指导幼儿基本动作技能发展一定程度上受到幼儿教师对基本动作技能相关知识掌握程度的影响。

表6-2　了解基本动作技能的相关知识与发展基本动作技能需要专业指导的交叉表

			您是否了解基本动作技能的相关知识				χ^2	P
			很了解	比较了解	一般	不太了解		
发展基本动作技能是否需要专业指导	很需要	计数	37	77	9	1	9.099	0.028*
		占比	29.8%	62.1%	7.3%	0.8%		
	比较需要	计数	5	25	8	1		
		占比	12.8%	64.1%	20.5%	2.6%		

注：*表示 $P<0.05$。

2. 幼儿教师认为发展基本动作技能较身体素质和专项运动技能最为重要

对于当前幼儿开展体育运动究竟身体素质优先还是技能优先问题，学者们持有不同的观点。从呈现形式来看，力量、速度、耐力等身体素质表现的元素重点在于结果性的能力，如力量的大与小、速度的快与慢、耐力的好与差等；而就基本动作技能的观测视角而言，跑、跳、投、踢等关注运动行为的过程性，如幼儿在完成跑、跳、投、踢等过程中上、下肢的协调配合，以及视-动整合或者听-动整合的能力等。针对幼儿教师对基本动作技能、身体素质和专项运动技能重要性认识的调查后发现，53.4%的幼儿教师认为基本动作技能发展较其他两项更重要，46.6%的幼儿教师认为发展幼儿身体素质较其他两项更重要(见图 6-3)。

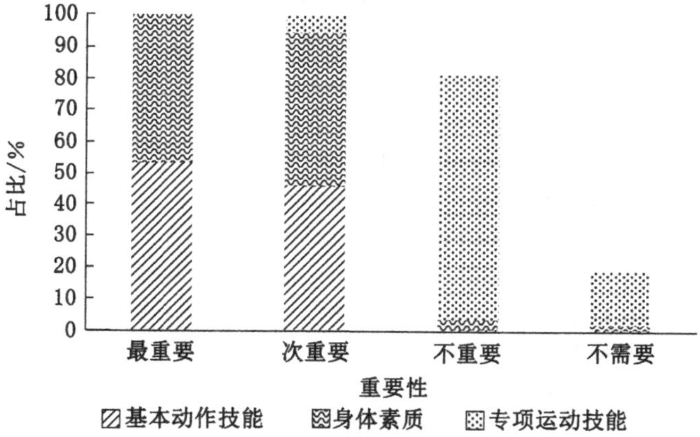

图 6-3　幼儿开展体育运动内容的重要性

为讨论不同职称等级的幼儿教师在看待幼儿体育运动内容方面身体素质、基本动作技能和专项运动技能的差异,便对调查对象重要性排序的结果进行编码,按照顺序排名非均匀递减赋予权重,排名第一位的选项具有 10 个单位的重要性,排名第二位的选项具有 5 个单位的重要性,排名第三位的选项具有 3 个单位的重要性。进行平均值比较后发现,除了一级教师以外,高级、二级和无职称的幼儿教师,在幼儿体育运动内容的重要性方面,把基本动作技能排在第一位,排序权重高于一级教师(见表 6-3)。从总体上来看,专项运动技能的发展在幼儿体育运动内容中的重要性排序最低。

表 6-3　幼儿体育运动内容在幼儿教师职称等级变量上分层后的平均值比较

您的职称等级	身体素质	基本动作技能	专项运动技能
高级	6.25	8.75	1.00
一级	7.69	7.14	1.96
二级	6.83	7.81	2.01
无	7.22	7.78	1.44

(四) 教师组织幼儿运动内容基本情况的调查结果

1. 跑、跳类活动是幼儿园开展最多的活动内容且大、中、小班无差别

为了解当前幼儿园开展体育运动内容的种类和频次,对幼儿教师进行

了调查，得到幼儿体育运动内容的开展频次情况如图6-4所示。按照幼儿体育运动开展频次由高到低的排序为：跑、跳类，攀、爬、滚动类，体操类，平衡、悬垂类，拍、踢、击球类，篮球、足球类，其他。

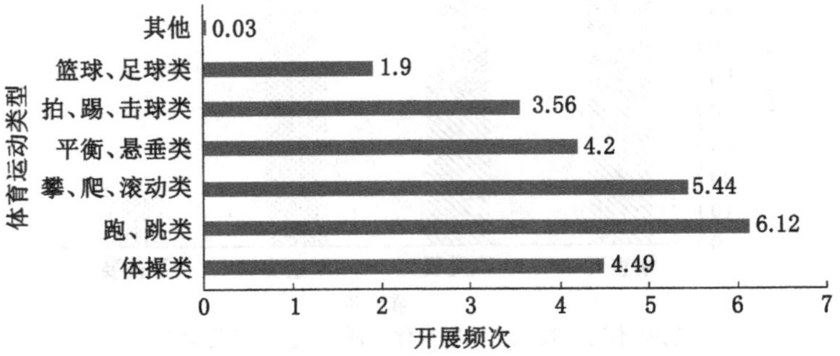

图6-4　幼儿体育运动内容的开展频次情况

从幼儿教师所带班级层面进一步判断幼儿园开展的体育运动内容频次差异，按照小、中、大班带班教师进行区分，对活动内容频次情况展开分析。结果发现，无论小、中、大班的教师，跑、跳类和攀、爬、滚动类体育运动开展的频次分别位居第一位和第二位，见表6-4。在开展活动频次上，小、中、大班无明显不同。

表6-4　组织幼儿开展体育运动内容在班级变量上分层后的平均值

班级		项目						
		体操类	跑、跳类	攀、爬、滚动类	平衡、悬垂类	拍、踢、击球类	篮球、足球类	其他
小班	*M*	4.790	6.000	5.570	4.120	3.170	1.740	0.030
	SD	2.150	1.414	1.201	1.352	1.728	1.163	0.263
中班	*M*	3.890	6.230	5.660	4.570	3.550	1.750	0
	SD	2.315	0.937	1.200	1.336	1.337	1.314	0
大班	*M*	4.730	6.070	5.150	3.950	3.930	2.150	0.040
	SD	2.490	1.289	1.239	1.660	1.103	1.224	0.189

2. 幼儿体育运动形式主要以早操活动、自由活动和室内活动为主

日常幼儿体育运动形式是发展幼儿基本动作技能的重要载体，因此，本

书对幼儿体育运动的形式进行了调查。多重响应频率统计结果表明，幼儿平日主要以早操、户外自由活动和室内体育运动为主，其次是散步，而幼儿体育教学开展较少，仅占各选项选择总数的 11.8%，见表 6-5。这表明幼儿体育教学有必要在幼儿园中进一步落实。

表 6-5 幼儿体育运动主要形式的频率统计表

选项		响应		个案百分比/%
		个案数	百分比/%	
运动形式[a]	幼儿早操活动	158	20.5	96.9
	户外自由活动	153	19.9	93.9
	室内体育运动	153	19.9	93.9
	幼儿体育教学	91	11.8	55.8
	散步	127	16.5	77.9
	幼儿运动会	86	11.2	52.8
	其他	1	0.1	0.6

注：[a]表示使用了值 1 对二分组进行制表。

3. 幼儿教师经常将基本动作技能渗透到其他领域学习中

将基本动作技能渗透到其他领域学习中，一方面既能强化基本动作技能，另一方面又能更好地学习其他领域的知识。调查后发现，46%的教师经常能将基本动作技能渗透到其他领域学习中，但依然有 31.9%的教师选择“偶尔”，见图 6-5。

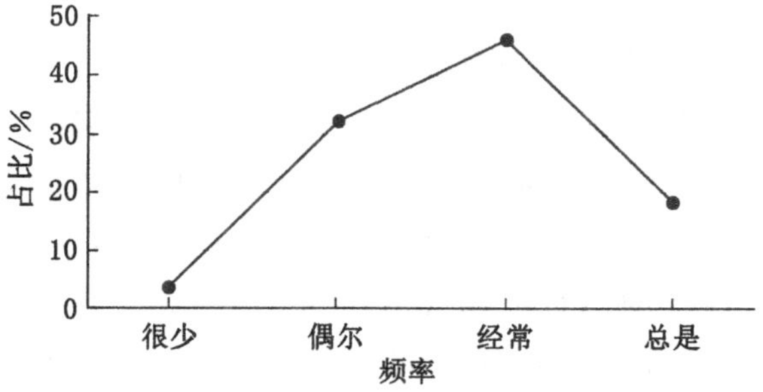

图 6-5 基本动作技能渗透到其他领域学习的情况

4. 幼儿教师更注重在体育运动中营造快乐的氛围

幼儿教师的教学策略是能够将教学组织得更高效的关键要素之一。从调查结果来看，幼儿教师在“参与到幼儿的体育运动中”“营造快乐积极的氛围”“鼓励和启发幼儿学练基本动作技能，发挥运动潜能”“观察并和幼儿分享体育运动经验和相关情绪”方面选择“总是”的比例较高，教师自评的情况较好，尤其是在“营造快乐积极的氛围”方面，其次是“观察并和幼儿分享体育运动经验和相关情绪”，见图 6-6，表明幼儿教师能够很好地关照幼儿的心理和情绪。

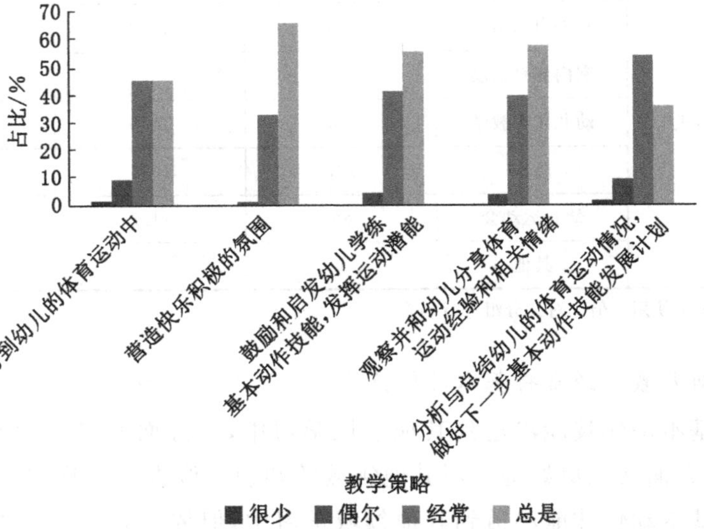

图 6-6　幼儿教师组织幼儿体育运动的教学策略

（五）家园互动中家长的支持与配合亟须改进

积极的家园互动是发展幼儿基本动作技能不可或缺的环节。通过调查发现，当前幼儿园教师在“向家长反馈幼儿在园内的身体活动表现”“与家长分享居家亲子体育运动内容和方法”方面较为积极，偶尔会“邀请家长们观摩或参与幼儿园组织的体育运动或讲座”，见图 6-7。关于家园互动需要的改进策略，更多的幼儿教师选择了需要“家长支持与积极配合家园互动活动”，其次是“为幼儿家长树立健康育儿理念”“家长与幼儿教师共同为幼儿营造良好的体育运动氛围”，见表 6-6。这点与家长在家园互动方面有相似之处，都认为健康的养育理念对发展幼儿基本动作技能非常关键。

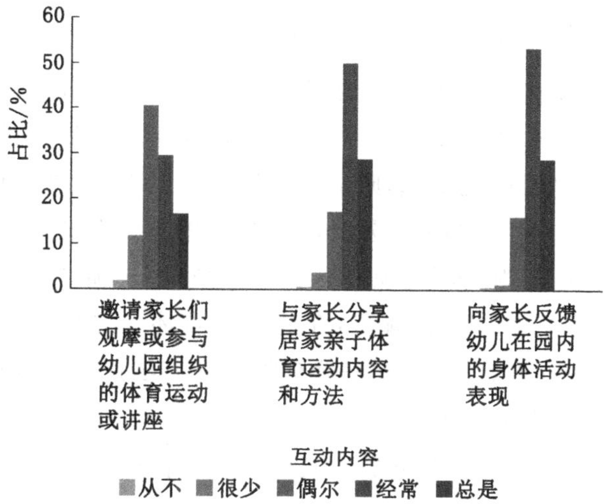

图 6-7　幼儿教师与家长的互动内容情况

表 6-6　家园互动改进策略的频率表

选项		响应		个案百分比/%
		个案数	百分比/%	
家园互动[a]	家长支持与积极配合家园互动活动	148	18.3	90.8
	丰富幼儿教师与家长沟通互动的内容	123	15.2	75.5
	为幼儿家长树立健康育儿理念	144	17.8	88.3
	家长和幼儿教师共同为幼儿营造良好的体育运动氛围	141	17.5	86.5
	幼儿教师对家长关于幼儿活动情况的反馈与建议	128	15.9	78.5
	家长与幼儿教师共同制订幼儿动作发展计划	122	15.1	74.8
	其他	1	0.1	0.6
总计		807	100	495.0

注：[a]表示使用了值 1 对二分组进行制表。

二、幼儿园体育运动环境影响幼儿基本动作技能发展的调查结果

通过社会科学统计软件SPSS梳理了样本数据，由于幼儿教师完成问卷中各道题的选项存在一定程度上的相近，为能够更清晰地看到不同问题的程度差异对幼儿基本动作技能水平的影响，也为了呈现简洁的数据结果，便在分析过程中对程度接近的选项进行归类，如“总是”与“经常”归为“程度高”选项，“一般”归为“程度中”选项，“很少”和“从不”归为“程度低”选项。将“很多”与“较多”归为“多”选项，“一般”归为“中”选项，“较少”与“很少”归为“少”选项，依此类推并对其编码，在此不再赘述。之后，通过独立样本 T 检验、单因素方差分析、多因素方差分析等统计方法探讨幼儿园层面影响幼儿基本动作技能水平的因素。

（一）基本动作技能水平受幼儿教师职称、对动作发展敏感期了解程度的主效应影响

本书为判断幼儿教师职称、对动作发展敏感期了解程度是否对幼儿基本动作技能水平产生影响，采用了多因素方差分析。结果表明，幼儿基本动作技能水平显著受到“幼儿教师职称”“对动作发展敏感期了解程度”的主效应影响（$F_{职称}=3.221, P<0.05; F_{敏感期}=6.460, P<0.05$），见表6-7。这表明“幼儿教师职称”和“对动作发展敏感期了解程度”对于幼儿基本动作技能水平的影响具有统计学意义。在幼儿教师职称方面，通过均值判断出幼儿教师职称处于高级阶段，其幼儿基本动作技能水平也最高，见表6-8；在对动作发展敏感期了解程度方面，幼儿教师在“知道”的情况下，幼儿基本动作技能发展水平更高，见表6-9。

表6-7　幼儿教师职称及对动作发展敏感期了解程度影响基本动作技能水平的多因素方差分析

变异来源	Ⅲ型平方和	*df*	均方	*F*	*P*
修正模型	508.894ª	6	84.816	3.328	0.003
截距	244 278.175	1	244 278.175	9 584.766	0.000
职称	246.247	3	82.082	3.221	0.022*
敏感期	164.633	1	164.633	6.460	0.011*
职称 * 敏感期	17.595	2	8.798	0.345	0.708

表 6-7（续）

变异来源	Ⅲ型平方和	df	均方	F	P
误差	34 890.452	1 369	25.486		
总计	2 280 896.000	1 376			
修正后总计	35 399.346	1 375			

注：* 表示 $P<0.05$；[a]表示 $R^2=0.014$（调整后 $R^2=0.010$）。

表 6-8 幼儿教师职称主效应的均值分析表

幼儿教师职称	M	SD	95%置信区间	
			下限	上限
高级	42.075[a]	0.564	40.968	43.182
一级	38.862	0.620	37.647	40.077
二级	39.717	0.499	38.739	40.696
无	38.854	0.987	36.919	40.790

注：[a]表示基于修正群体边际平均值。

表 6-9 对动作发展敏感期了解程度主效应的均值分析表

对动作发展敏感期了解程度	M	SD	95%置信区间	
			下限	上限
知道	40.682	0.264	40.165	41.200
不知道	38.071[a]	0.791	36.520	39.622

注：[a]表示基于修正群体边际平均值。

（二）开展幼儿体育教学在基本动作技能水平上有显著差异

调查显示，幼儿体育教学在幼儿园日常学习中的开设情况有所不同，为了解是否开展幼儿体育教学在幼儿基本动作技能水平上的差异性，进行了独立样本 T 检验。结果表明，幼儿园开展幼儿体育教学在幼儿基本动作技能水平上存在非常显著性差异（$T=-2.623$，$P<0.01$），见表 6-10。从均值上可以看到，接受幼儿体育教学活动的幼儿，其基本动作技能水平更高。这表明开展幼儿体育教学有助于幼儿基本动作技能水平的提升。

表 6-10 幼儿体育教学与基本动作技能水平的独立样本 *T* 检验分析表

幼儿体育教学	*N*	*M*	*SD*	*T*	*P*
开展	355	39.82	4.674	−2.623	0.009**
未开展	1 021	40.60	5.193		

注：** 表示 $P<0.01$。

（三）不同领域渗透程度在基本动作技能水平上有显著差异

为探讨幼儿教师将幼儿基本动作技能渗透到其他领域学习中的不同程度在幼儿基本动作技能水平上是否存在显著性差异，采取了单因素方差分析。结果表明：不同领域渗透程度在幼儿基本动作技能水平上存在显著性差异（$F_{渗透}=3.444$，$P<0.05$），见表 6-11；通过两两比较后发现，领域渗透程度高、中分别与领域渗透程度低之间存在显著性差异，见表 6-12。从均值上可以看出，幼儿教师在日常教学过程中将幼儿基本动作技能渗透到其他领域程度高的幼儿基本动作技能水平更高。

表 6-11 不同领域渗透程度与幼儿基本动作技能水平的单因素方差分析表

	平方和	*df*	均方	*F*	*P*
组间	176.685	2	88.342	3.444	0.032*
组内	35 222.661	1 373	25.654		
总计	35 399.346	1 375			

注：* 表示 $P<0.05$。

表 6-12 不同领域渗透程度的幼儿基本动作技能水平两两比较分析表

各组均值	$\overline{X}_i-39.03$	$\overline{X}_i-40.38$
$\overline{X}_{高}=40.54$	1.51** ($P=0.009$)	0.16 ($P=0.614$)
$\overline{X}_{中}=40.38$	1.35* ($P=0.025$)	
$\overline{X}_{低}=39.03$		

注：* 表示 $P<0.05$，** 表示 $P<0.01$。

（四）幼儿教师教学策略在基本动作技能水平上有显著性差异

为了了解幼儿教师的不同教学策略，如参与度和鼓励与激发幼儿学练基本动作技能，发挥运动潜能等因素在幼儿基本动作技能水平上是否存在显著性差异，进行差异性检验。结果发现，参与度及幼儿教师鼓励与激发幼儿学练基本动作技能，发挥运动潜能的程度在幼儿基本动作技能水平上均有显著性差异（$T_{参与}=8.231$，$P<0.01$；$T_{鼓励}=2.193$，$P<0.05$），见表 6-13。教师在幼儿体育运动中的参与度高，或者鼓励与激发幼儿学练基本动作技能，发挥运动潜能的程度高，幼儿基本动作技能水平也高。

表 6-13　幼儿教师教学策略与基本动作技能水平的独立样本 *T* 检验分析表

教学策略	程度等级	*N*	*M*	*SD*	*T*	*P*
参与度	高	1 319	40.53	5.104	8.231	0.000**
	中	57	37.21	2.858		
鼓励与激发幼儿学练基本动作技能，发挥运动潜能	高	1 312	40.45	5.111	2.193	0.031*
	中	64	39.28	4.115		

注：* 表示 $P<0.05$，** 表示 $P<0.01$。

第三节　幼儿园体育运动环境对基本动作技能影响分析

一、幼儿园硬件资源良好，师资结构均衡，但缺乏擅长体育的教师

调查结果反馈，幼儿园的运动器材和空间均能够满足幼儿多样化体育运动的需求。幼儿体育运动环境对于他们的学习和发展发挥着极其重要的作用，幼儿通过与环境持续地互动实现优质学习。因此，运动器材和运动空间是幼儿学练基本动作技能的关键载体和基础保障，通过丰富的运动器材和足够的运动空间，可以帮助幼儿获得更多的学习经验，同时为幼儿教师开展高质量运动游戏活动奠定基础。对于幼儿而言，充足的运动空间有助于拓展活动范围，并避免活动中无谓的碰撞与拥挤；对于教师而言，更多的运动器材有利于幼儿教师设计多元化的教学情境，丰富教学手段。幼儿教师

以本科毕业为主，多数教师是学前教育专业，基本能够较好地把控幼儿的保育和养护，但擅长体育的幼儿教师比例偏小，专业的幼儿体育教师更是极度匮乏。

当前我国幼儿体育师资严重不足，存在近百万的人数缺口，国内九成以上的幼儿园没有专职体育教师[179]。学前专业毕业生因学习的内容缺乏全面性，学习与实践的时间较短，导致幼儿体育教学能力不足，高校培养学前教育专业的学生时基本以示范、讲解为主，采用以“教师为主体”的教学方法，制约幼儿体育教学能力的培养[180]。因此，幼儿教师也就很难为幼儿创设运动元素丰富的活动环境，更无益于实施多样化体育运动内容，幼儿教师开展的幼儿体育运动更多以观察为主，缺少有针对性的引导、互动、鼓励等各种教学指导方式，导致幼儿教师组织的体育运动目标性不强、内容无差异。发展幼儿基本动作技能，势必要加强培养学前教育专业学生在体育教育板块的专业知识与能力，革新幼儿教师的教学理念，不断壮大幼儿体育教师队伍，通过幼儿体育教师的助力，推动幼儿健康成长。

二、幼儿教师基本动作技能认知水平良好，但组织体育运动不积极

调查得出，幼儿的动作发展已得到幼儿教师一定程度上的关注，但遗憾的是，在幼儿教师对基本动作技能发展的认知与体育运动组织之间缺少了体育教学能力的桥梁，导致幼儿园开展的体育运动内容与形式较为单一。主要表现为：无论小、中、大班，都以跑、跳类及攀、爬、滚动类为首要的活动内容，在活动形式上，也是以早操、户外自由活动和室内体育运动为主。

幼儿的多领域渗透和真实情境交互，可以有效地激发幼儿主动积极学习[181]，而基本动作技能发展更是依赖于亲身体验和不断反复的练习，将幼儿基本动作技能渗透到其他领域的学习是丰富幼儿学习内容的有效途径之一。调查发现，不同领域内容的相互渗透在幼儿基本动作技能水平上存在显著差异，幼儿教师可以在进一步深入学习基本动作技能相关知识的基础上，把握幼儿阶段的发展规律与特征，丰富幼儿基本动作技能发展的学练内容。这样可以灵活地将基本动作技能发展内容渗透到幼儿园日常学习与生活的其他领域中，既能提升幼儿教师体育运动的教学能力，又能够将基本动作技能拓展到日常生活中，改善幼儿运动能力和身体活动水平，锻炼幼儿解决真实生活中实际问题的能力，实现幼儿综合素质的发展。

三、支持性体育教学策略对幼儿基本动作技能发展有积极作用

本书发现，教师开展体育教学在幼儿基本动作技能水平上显著优于未开展体育教学的，这反映出开展体育教学的重要性。在幼儿体育教学开展过程中，幼儿教师的职称、是否使用有效的教学策略对于幼儿基本动作技能水平也有差异性。结果表明，幼儿高级教师所教幼儿的基本动作技能水平更高，这可能与幼儿高级教师的认知水平、使用的有效教学策略有一定的关系。幼儿高级教师更注重幼儿基本动作技能的发展，更了解幼儿的身心发展特征，教学策略更为多样，在日常的教学过程中会利用丰富的教学实践经验组织幼儿开展体育运动。分析中发现，幼儿教师在幼儿体育运动中的参与度越高，鼓励与激发幼儿学练基本动作技能，发挥运动潜能的程度越高，幼儿的基本动作技能水平也相应越高。这两方面都是在考察幼儿教师的专业能力。有研究提出，掌握幼儿的身心发展特点、创设环境、捕捉生活中的课程生长点、调动幼儿参与积极性、沟通对话等被视为幼儿园教师专业能力考量的重点[182]。幼儿教师只有具备了这些专业能力，才有可能提高教学质量。此外，研究表明，4～6 岁的幼儿具有良好的语言表达能力，可以清晰地向成人表达自己的看法[183]，幼儿教师需要多倾听和关注幼儿的需求与感受，给予幼儿在体育运动中的成长空间，深刻领悟到幼儿体育教学不仅是发展幼儿的基本动作技能，更是以此为抓手，通过科学地引导基本动作技能学习，促进个体心理结构的变化[184]，最终实现幼儿全面健康发展。

第七章　幼儿运动游戏干预方案的设计

第一节　幼儿运动游戏干预方案设计思路

一、幼儿运动游戏干预方案设计目的

本着注重幼儿运动游戏干预实施的科学性与规范性原则，本书借助 ISD 模型，在前期研究基础上，设计促进幼儿基本动作技能发展的运动游戏干预方案，以期破解幼儿体育游戏活动的困境，实现幼儿体育教学的先进性和创新性，为幼儿体育课程的开发提供参考和借鉴。

二、幼儿运动游戏干预方案设计过程

（一）访谈提纲的编制

在中国知网（CNKI）、万方数据、EBSCO 等检索数据库中，查阅与运动干预、体育教学、学前教育、游戏等相关的文献资料，分析、归纳与运动游戏干预开发相关的研究成果，结合专家的指导建议，从幼儿运动游戏干预方案的设计缘由、运动游戏干预目标体系确立、运动游戏干预内容的筛选、运动游戏干预实施过程和评价，以及推动落实干预方案等维度编制一份完整的访谈提纲，即“幼儿运动游戏干预方案开发的访谈提纲”（见附件 6）。

（二）访谈的实施

作者借助 2019—2020 年间参与幼儿体育项目的机会，将来自上海、北京、山东、安徽、江苏、辽宁、浙江等省市的幼儿园园长、幼儿体育教师、小学体育教师、研究幼儿体育的高校学者与研究生等 30 人作为访谈对象，通过自编“幼儿运动游戏干预方案开发的访谈提纲”进行深入的口头访谈与交流。同时，利用面对面集体访谈的形式，记录访谈的亮点内容和集体讨论的

结果。从专家学者、园长、一线教师等不同视角，了解幼儿运动游戏干预方案设计的关键环节与核心内容，从而为本书研究提供实践支撑。作者通过现场笔记的形式记录相关访谈结果，并根据内容进行归类整理。

第二节 幼儿运动游戏干预方案设计分析

一、幼儿运动游戏干预方案的分析

（一）幼儿运动游戏干预方案应聚焦幼儿基本动作技能发展

需求即判断和识别需要解决问题的现状，理清问题的缘由和要求。基于 ISD 模型，通过分析运动游戏干预需求，能够解决“为什么要开展运动游戏活动”的问题，了解目前幼儿体育运动中存在的问题，分析当前幼儿体育运动与幼儿运动游戏活动之间的差距，在经过系统调研后，有利于形成干预方案设计的目标，厘清幼儿学习目的和学习方法之间的关系[56]。

首先，从外部来看，欧美众多国家将动作发展作为幼儿体育与健康领域的首要目标，并根据动作发展理论系统地设置目标内容[185]。反观国内，运动游戏更多的是就游戏而游戏，游戏有余，教育目的性达成不足，目标单一，抑或只是流于形式。我国《3～6 岁儿童学习与发展指南》将动作发展列为健康领域的学习目标之一，但真正涉及动作发展的内容却很少，而且在内容设计方面科学性不足，更多地凭借主观经验组织活动，缺少对基本动作技能的干预。其次，从内部来看，近期调查结果显示，3～6 岁幼儿肥胖率达9.27%，超重率达 14.97%[186]，全国 6 岁以下幼儿的超重率和肥胖率分别为 6.8%和 3.6%[187]。本书发现幼儿身体素质水平一般，部分基本动作技能水平薄弱，这些情况的出现与幼儿运动不足有着直接关系。综上分析，开发聚焦幼儿基本动作技能发展的运动游戏干预方案既是借鉴国外先进经验，弥补国内幼儿健康领域发展短板的必然选择，更是丰富幼儿体育运动，促进幼儿全面发展的有力抓手。

（二）幼儿运动游戏干预方案需要遵循幼儿身心发展特征

精准把握幼儿的身心发展特征、学习特点和经验积累等实际情况，有利于确保干预方案开发的针对性、适宜性和实用性。对于 3～6 岁幼儿而言，每个年龄段都有相应的成长发育特点。

从生理角度来讲，在幼儿最初发展时期，大脑和神经系统发育很快，生殖系统发育较为迟缓。所以，早期动作经验在幼儿大脑神经网络的形成和发展中起着很大作用，改变和调整着神经系统，从而产生个体的差异性。尊重幼儿的差异，对幼儿实施差异性的干预尤为必要。

从认知发展角度来讲，婴幼儿的感知觉在外界活动的刺激下，其发展速度非常快。例如：3 岁幼儿能够正确辨别上下方位、区分几何图形；4 岁幼儿可以分辨出物品颜色、尺寸、形状，喜欢数数。幼儿运动能力的发展与感知能力的发展具有同步性。

从动作发展角度来讲，3～6 岁是幼儿身体机能迅速提高、发展灵敏技巧的敏感期，幼儿动作技能的发展遵循从粗到细、从大到小的原则，大肌肉生长在先，而后逐渐过渡至掌握精细动作控制能力。

从心理发展角度来讲，3～5 岁幼儿是创造性倾向较高的时期，5 岁以后发展速度呈减缓趋势。这一阶段幼儿好奇心强，想象力丰富，愿意积极参加身体运动游戏，喜欢模仿与成功体验。通过角色游戏，借助肢体动作，如舞蹈、音乐可以激发幼儿的创造性思维，产生一定的社交和情绪变化。

从道德情感角度来讲，幼儿自身的认知发展水平会影响其道德品质发展。皮亚杰将 3～6 岁幼儿的认知界定在前运算阶段。其中，2～4 岁为前概念(象征性思维)阶段，这个时间阶段幼儿缺乏道德的自主性，倾向于权威，处于他律阶段，需要以道德规则传授为主，制止不正确的行为，并告诉他们应该怎么做；4～6 岁为直觉思维阶段，这个阶段开始了自律，能够相互尊重，彼此合作，开始有公正感[188]。

由此，设计运动游戏干预方案，应遵循幼儿身心发展特点，这样有利于激发幼儿积极参与的兴趣，发挥幼儿在运动游戏中的主体性作用，这也是分析幼儿身心特征的目的所在。

(三) 幼儿运动游戏干预环境对幼儿基本动作技能发展产生影响

研究表明，在促进幼儿早期教育方面，最有效的方式是创设良好的环境[189]。幼儿运动游戏干预方案的环境主要聚焦在幼儿园环境与家庭环境中。与实施运动游戏活动相关的幼儿园环境，包括硬环境和软环境。硬环境有运动器材、运动场地、运动时长等，软环境则有幼儿体育内容的设置、幼儿体育教师的指导策略、幼儿体育运动的形式等。此外，在家庭中也可以开展一定的运动游戏活动，幼儿在家庭中的运动游戏体验对于基本动作技能的发展以及运动行为习惯的形成也十分关键。而在家庭中与运动游戏相关的硬环境包括运动的玩具数量、运动空间大小、运动时间等；软环境有家长的亲子游戏陪伴、家长的运动认知、家长的运动兴趣等。

具身认知理论重视环境与身体的相互作用，并通过彼此的相互作用促进认知和学习的发展。身体活动作为人类生活的本能，在与环境的互动中逐渐学会了跑、跳、投、踢等基本动作技能[190]。这也反映出班杜拉的观察学习理论所提及的主体、环境与行为交互作用的思想。即幼儿模仿他们观察到的家庭成员和其他重要人群，如教师、同伴等行为，从而影响他们自身各种类型的动作技能。幼儿会采纳父母或重要群体采取积极身体活动的生活方式的信念、态度和价值取向，形成早期经验，这些早期获得的经验与其他重要群体的榜样影响可以决定其如何选择和感知活动，并做出反应，从而形成自身参与身体活动的个体模式。因此，在开发运动游戏干预方案时，应充分重视环境的重要性，把握环境影响因素以及因素之间的相互关系，为开展运动游戏活动、优化运动游戏方案的干预提供依据和参考。

二、幼儿运动游戏干预方案的设计

（一）基于核心素养的幼儿运动游戏干预方案的设计理念

追本溯源，开发运动游戏干预方案的初衷是通过运动游戏促进幼儿的健康发展。从教育的角度而言，立德树人是新时代教育事业科学发展的核心所在，是培养德智体美劳全面发展人才的本质要求，是教育的终极目的，与教育的融合是实现立德树人的根本途径。为更好地落实立德树人根本任务，《普通高中体育与健康课程标准(2017 年版)》提出体育与健康核心素养。该标准是连接教育理念、培养目标和教学目标的关键环节[191]。也就是说，它的提出并不仅仅是引领某一个学段体育与健康学科发展的育人目标，而是一个系统性的育人理念，这种理念指导个人发展的全过程。体育教学作为践行核心素养的最小单位，是培养学生核心素养的主要形式[192]，体育运动和体育教学的目的是让所有学生都能够动起来，在积极活动的过程中形成核心素养。由此，运动游戏干预作为一种教学形式，应以核心素养作为理念指导幼儿的健康发展。此外，核心素养的形成并非一蹴而就的，需建立在先天条件和后天培养共同作用的前提下，而幼儿阶段又是为核心素养培养奠定基础的关键阶段，以核心素养作为指导幼儿阶段的运动游戏教学活动既是其培育的需求所在，也是幼儿体育发展的必然要求。

核心素养对运动游戏干预方案目标的引领主要体现为：运动游戏干预方案的目标既要发展幼儿的运动能力，又要关注幼儿健康行为和体育品德的培育。《3～6 岁儿童学习与发展指南》中提出健康领域的目标为身心状况、动作发展、生活习惯与生活能力三个维度，涉及身体发展、认知发展、情感与社会性发展三大领域[185]。事实上，这与核心素养的三大要素不谋而合，通过运动能力的提升会对认知、语言、逻辑推理、情感表达等各方面有积极的促进作用。运动能力的培养为其他能力的发展奠定基础，正如幼儿运动能力的培养是先通过身体与世界的互动，而后才是通过语言。因此，更需要通过运动能力拓展和延伸干预目标的广度和深度，实现与幼儿健康行为、体育品德的相互促进。

在整体的运动游戏干预方案中，核心素养要求着眼于干预活动的整体性，通过灵活多变的干预策略实现干预目标。在核心素养的引领下，干预内容需要根据幼儿的兴趣需求、运动体验、生活经验等选择幼儿喜欢的，且能够应用到实际生活中的内容。在干预实施和评价部分，也务必紧密围绕核心素养，重视实施过程中的趣味性、综合性和评价过程中的有效性、激励性等。

（二）设计系统性、递进性的幼儿运动游戏干预目标体系

运动游戏干预方案的目标是干预对象在知识与技能、过程与方法、情感态度与价值观等方面应达到的标准，在运动游戏干预方案设计的过程中，干预目标发挥着至关重要的作用，是选择干预内容和实施干预过程与评价干预效果的重要依据和方向，是教学准备、教学实施和教学评价保持一致性的根本保障。因 3～6 岁幼儿的身心特点变化较大，而幼儿运动游戏活动存在着目标单一、缺乏逻辑性和层次性问题，容易导致在活动目标的分解、落实、转化过程中出现偏差和弱化。因此，本书试图从系统、连贯、完整的角度开发运动游戏干预目标体系（见图 7-1）。

首先，确定运动游戏干预总目标。基于泰勒提出课程目标的三个主要来源，即对学生的研究、对社会生活的研究、学科专家的建议[193]，本书在设计总目标时，需要重视和考虑幼儿个体因素、社会生活因素以及学科专家的建议。在幼儿个体因素方面，目标应能够符合幼儿的兴趣点，对标幼儿的发展水平，以及能够满足未来健康发展的需求。在社会生活因素方面，目标应

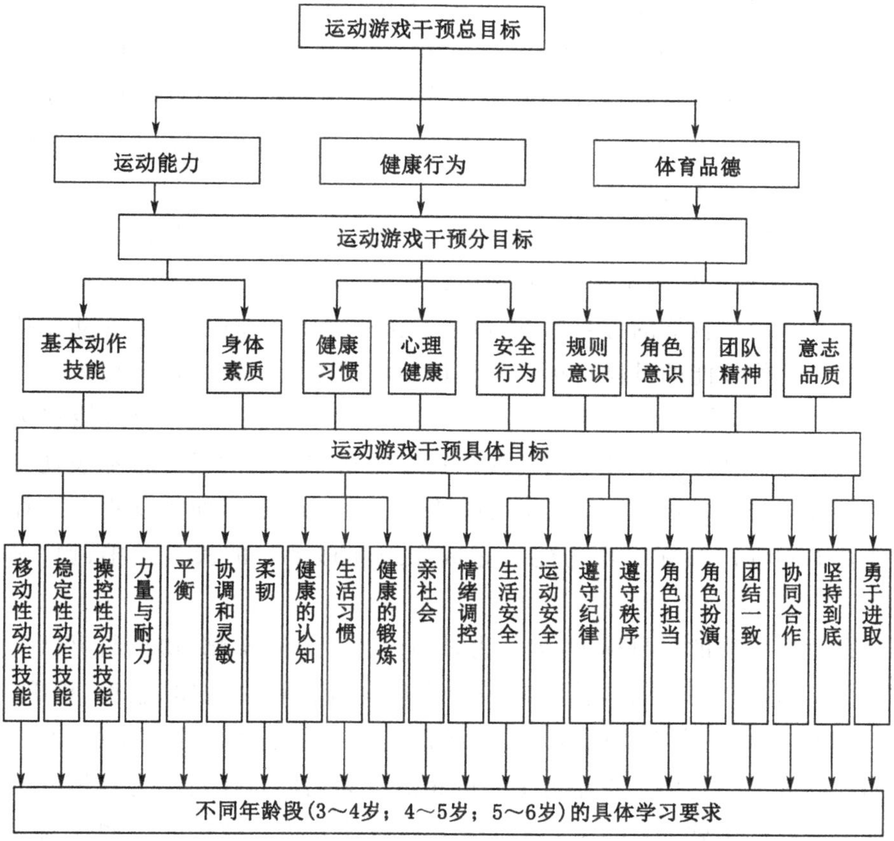

图 7-1　幼儿运动游戏干预目标体系

与幼儿的真实生活密切相关，从个体社会化的角度思考幼儿需要完成及能够完成的，帮助幼儿更好地适应社会。在学科专家建议方面，本着跨学科、跨领域融合的原则，将学前阶段的健康领域和义务教育阶段的体育领域紧密结合，确保目标设置的合理性、科学性、学理性。

具体而言，幼儿运动游戏干预的总目标是：基于核心素养的引导，在运动能力方面，建立对幼儿身心健康发展的合理期望，实施科学的保育和教育，幼儿在运动游戏活动中掌握良好的基本动作技能和运动知识，提高身体素质水平，促进动作技能与身心统一的健康发展；在健康行为方面，可以通过游戏活动的参与，提高对自身情绪的控制能力和对环境的适应能力，逐渐形成健康的生活和行为习惯；在体育品德方面，养成良好的规则意识和责任意识，塑造良好的意志品质，从而度过健康快乐的童年。

其次，对总目标进行分解，确定运动游戏干预分目标。运动能力方面的分目标表现为幼儿具有良好的基本动作技能和身体素质；健康行为分目标则包含了健康习惯、心理健康和安全行为；体育品德分目标涵盖了规则意识、角色意识、团队精神和意志品质。

再次，对分目标进行纵向分层，形成具体目标。在进行具体目标的开发时，必须要体现目标的层次性，做到由繁到简、层层递进。

在基本动作技能的分目标下，包括了移动性动作技能、稳定性动作技能和操控性动作技能的具体目标。移动性动作技能的具体目标表现为幼儿能够掌握踮脚走、快速跑、连续滑步，并可以完成一段距离的移动；能够进行跑、跳、爬等移动性动作技能的转换。稳定性动作技能的具体目标表现为幼儿能够控制身体完成有一定幅度的扭转、弯曲、旋转、屈伸等动作。操控性动作技能的具体目标表现为能够完成原地和移动中的投、击、拍、抛、接等动作。

在身体素质的分目标下，包括力量与耐力、平衡、柔韧、协调与灵敏的具体目标。力量与耐力的具体目标表现为幼儿具备移动物体、悬垂、投掷、攀爬等技能，完成一定距离的行走。平衡的具体目标表现为在固定的、有一定间隔和高度的窄物体上平稳地走一段距离。柔韧的具体目标为身体各部位表现出良好的柔软度，了解练习身体柔韧性的方法。动作的协调性与灵敏性表现为幼儿可以快速完成躲闪，通过走、跑、爬等形式越过有一定高度的障碍物，完成有一定难度的律动。

在健康习惯的分目标下，包括健康的认知、生活习惯和健康的锻炼。在心理健康的分目标下，包括亲社会和情绪调控两个具体目标。在安全行为的分目标下，包括生活安全和运动安全两个具体目标。

在规则意识的分目标下，包括遵守秩序、遵守纪律两个具体目标。在角色意识的分目标下，包括角色担当和角色扮演两个具体目标。在团队精神的分目标下，包括团结一致和协同合作两个具体目标。在意志品质的分目标下，包括坚持到底和勇于进取两个具体目标。

最后，形成具体学习要求，即对不同年龄段幼儿在运动游戏干预之后具体能够达到的该阶段最低标准，表明幼儿通过具体的内容学习要达成的学习目标。因此，在具体目标下又分为三个不同的年龄段，每个年龄段的学习要求遵照目标叙写的规范，将行为、条件、程度等具体化，通过区分目标的不同程度与水平，及描述学习要求达成的情境与条件，对学习要求逐层细化，便于更好地理解与实现目标[194]。

三、幼儿运动游戏干预方案的开发

（一）开发多任务导向的幼儿运动游戏干预内容体系

运动游戏干预内容解决了用什么干预的问题，是实现干预目标的载体。在开发干预内容时，需考虑幼儿的知识结构、认知水平和运动能力水平，不断挖掘和深化知识技能，这样才能够在练习中实现熟练掌握和运用，并迁移到日常生活中。

从学前教育层面而言，《3～6岁儿童学习与发展指南》中"健康领域"里关于动作发展方面涉及了幼儿的平衡、动作协调与灵敏、力量和耐力的学习建议[195]，可以作为运动游戏干预内容开发的依据之一。从体育教育层面而言，《普通高中体育与健康课程标准(2017年版)》中课程内容设计充分考虑了课程方案的要求，体育与健康学科的特点以及学生多样化发展的需求，提出了课程内容的设置标准[191]。幼儿作为未来《普通高中体育与健康课程标准(2017年版)》的适用对象，应注重与义务教育阶段的衔接。因此，基于目标引领内容的原则，遵循《普通高中体育与健康课程标准(2017年版)》与《3～6岁儿童学习与发展指南》的指导，从基本动作技能、身体素质和健康教育三个方面进行运动游戏干预内容的开发(见图7-2)。这三者之间是一个相互促进、相互平行的关系。不同年龄段幼儿基本动作技能学习呈现的是递进和拓展的关系，身体素质与健康教育的内容渗透到基本动作技能学习中。

运动游戏干预内容存在着不同类型基本动作技能的横向交叉，又有着不同年龄段上的纵向递进，如何能够通过不同的组合方式带给幼儿多样性的身体体验便成为实现运动游戏内容实效性、趣味性的关键。儿童动作学习发展框架(见图7-3)给予了多样化教学、多任务导向的有益探索。

身体、空间、努力和关系这四个关键要素犹如罗盘一样，可以旋转到任何一种基本动作技能上，从而形成不同的组合方式，开发更多的运动游戏干预内容。即我们需要依赖于身体完成运动，需要利用空间进行运动，需要付诸努力、消耗能量享受运动，在运动的过程中也会与其他伙伴产生联系。而

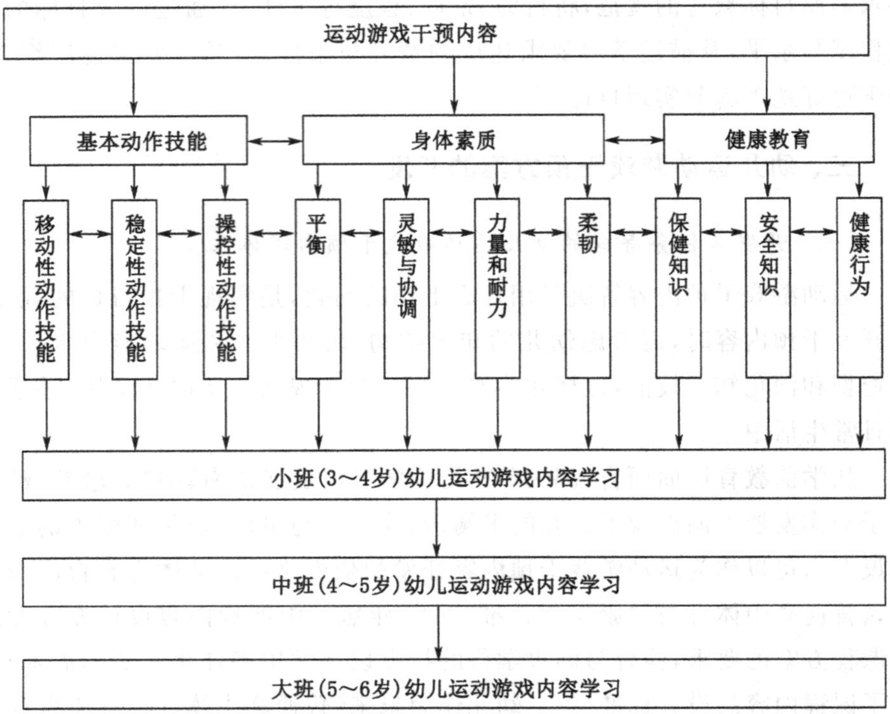

图 7-2　运动游戏干预方案的内容设计

这四个关键要素之下又包含了不同的视角，例如：身体概念下可以有身体部位、身体形状、不同类型基本动作技能的身体移动；空间概念下又可以分为方向上、水平上、途径上及空间上等的变化；努力程度的概念下可以分为时间、程度、连贯性等；关系概念下包含与他人的关系、与物体的关系等。在基本动作技能（如走、跑、追、躲、伸展、平衡、扭转、接、踢球等）学练中充分运用四个关键要素，能够更好地创新幼儿运动游戏的内容。与此同时，在这一过程中，幼儿也会逐步理解“如何运动？用哪一部位运动？向哪个方向运动？与谁一起运动？”等关于空间认知、身体意识、合作交往的概念。

（二）确定不同年龄段幼儿运动游戏干预内容概要

依据上述开发的幼儿运动游戏内容体系，结合对儿童动作学习发展框架的应用，在运动游戏干预目标体系的引领下，本书设计出小、中、大班幼儿运动游戏干预的具体内容。具体干预内容以主题游戏的形式呈现，每一个主题游戏均有具体的游戏目标和核心内容（见附件 7～附件 9）。

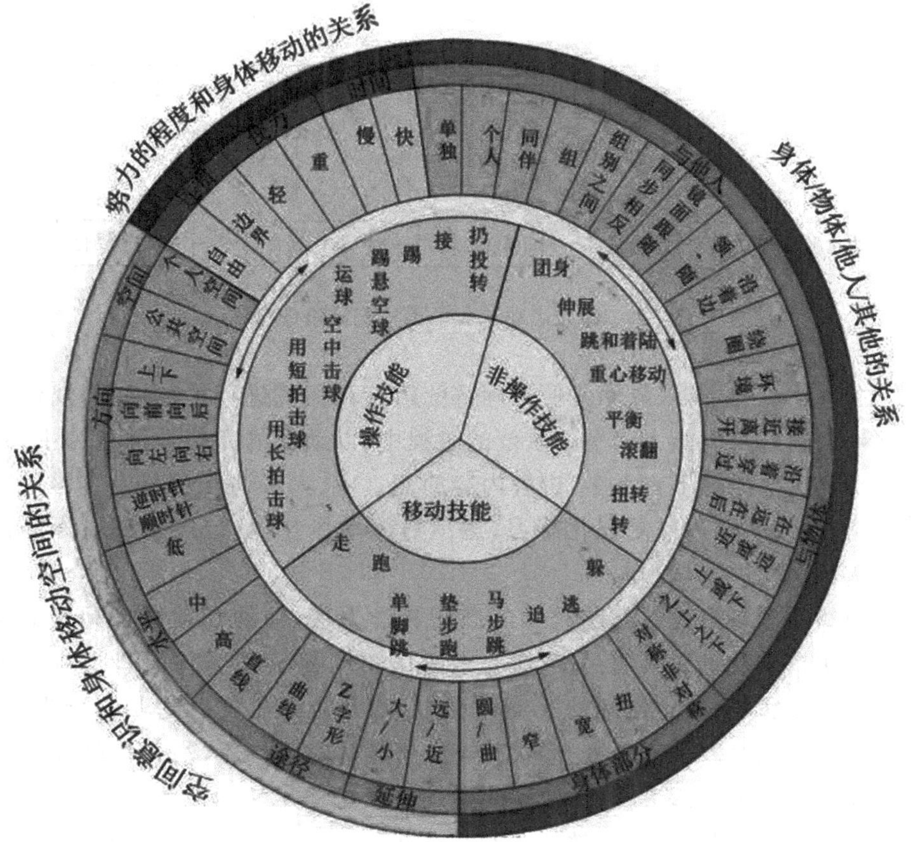

图 7-3　儿童动作学习发展框架[196]

四、幼儿运动游戏干预方案的实施与评价

（一）运用多样化的幼儿运动游戏干预实施策略

1. 示范、游戏互动教学方法的综合运用

研究表明，在动作技能学习的第一阶段，学习者头脑中必须要有一个动作表象，以作为实际操作时的参照标准，而这一表象的形成主要来源于学习者对示范动作的观察[197]。动作示范还有助于强化学生的身体运动，培养学生的创造能力，因为在动作示范的引领下学生习得动作技能，必须要不断地练习，并伴随大量脑力活动，这对于训练学生的高阶思维有帮助[198]。尤其是以身体体验获得知识与技能的幼儿，更需要以示范法为主，教师基本动作

技能示范和幼儿习得基本动作技能的过程如图 7-4 所示。

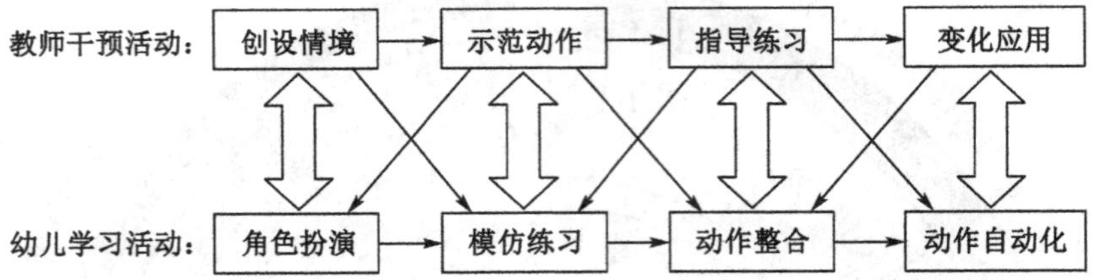

图 7-4　幼儿运动游戏干预实施策略(改编)

在这个过程中,采取幼儿便于理解的语言和情境进行示范讲解,使他们能够认识到自身的能力水平。示范的过程中,以动作的完整性示范为主,对小班幼儿示范内容不宜太多,讲解内容简短。中、大班幼儿示范内容尽量完整,不宜太快。通过反复强化练习,逐渐熟练动作技能,最终实现在不同情境中变化应用。

师幼互动对话是幼儿园教学的高频教学方法,师幼互动质量是影响学前教育质量的关键要素之一,它对儿童的认知发展、学业水平及社会性发展产生着直接影响[199]。在师幼互动过程中,幼儿教师需要对幼儿的行为、兴趣做出合理判断。小班幼儿更多地与游戏器材发生作用,幼儿教师要更为主动地与幼儿进行语言交流,使幼儿对幼儿教师产生情感依赖与信任,并以游戏的角色加入其中,幼儿教师对幼儿游戏的全过程进行指导,给予其更多的鼓励与支持,强调对幼儿规则意识的培养。中班幼儿有较强的角色意识和归属感,在师幼互动过程中支持幼儿分享游戏经验,以此引导幼儿尝试解决简单问题,鼓励幼儿参与需要合作的角色游戏中,在合作中锻炼与人交往的技能。大班幼儿游戏经验很丰富,喜欢与同伴一起游戏,幼儿教师可以作为管理者鼓励幼儿一起准备和收拾游戏的材料和场地,并及时提供协助,允许幼儿创新游戏玩法,并给予鼓励,与幼儿讨论并分享经验。

2. 教学组织形式灵活多变

在教学组织形式方面,需要考虑学习目标、授课对象、学习空间、学习内容以及教师的课堂控制能力等。没有任何一种组织形式可以适用于所有的教学活动,因此,为了实现更高效的教学活动,需要根据以上内容进行及时调整。

运动游戏干预方案的实施以集体性有组织的教学形式展开,遵循的根本原则是营造积极的氛围，让幼儿能够快乐地动起来。一方面，在教学活动组织中引入欢快的音乐，音乐既可以调节活动的气氛，也可以作为教学活动中开始与停止的信号；不同的音乐节奏可以作为幼儿运动游戏活动的强度提示，便于幼儿更容易理解教师的教学任务，同时也可以锻炼幼儿的节奏感。另一方面，在组织教学活动中借助各种器材和场地的布置，带给幼儿不一样的体验，如在活动场地铺出隧道、摆好战壕、亮出宝物等，能够更快地调动幼儿的好奇心，有利于吸引幼儿的注意力，并积极参与到运动游戏活动中。

在教学中的队伍组织方面，不拘泥于传统的体育运动列队，结合幼儿班级的分组形式或者幼儿的行为习惯组织教学，保证幼儿能够尽快地了解教师的意图，保证留给幼儿更多的活动空间，而不至于引起碰撞或造成安全事故，同时也要便于教师观察到所有幼儿。小班可以借用圆点、圆圈或者障碍物做指引，中、大班可以根据活动需要运用分小组、U形、双圆等组织形式开展。

（二）形成闭环式的幼儿运动游戏干预实施流程

幼儿教师依据主题游戏的目标与内容准备相应的场地和器材。设置激发幼儿运动兴趣的情境引入环节，以“动起来”作为游戏的热身阶段，在音乐的氛围中引导所有幼儿都动起来，主动参与到运动游戏中。以“嗨起来”作为基本动作技能的初步体验阶段，在生活化、趣味性的情境中，幼儿通过扮演一定的角色，尝试进行基本动作技能的学练，激发想象力和创造性。以“玩起来”作为基本动作技能的学练阶段，在主要内容练习的过程中，根据所设置的情境，可以适时渗透其他领域的知识，使得幼儿可以产生不同领域之间知识的迁移与强化。以“静下来”作为基本动作技能学练的结束阶段，通过舒缓、简单的肢体动作，帮助幼儿以较快的速度调整和恢复身体状态。放松之时，幼儿教师和幼儿可以共同分享一节课的收获，启发幼儿更深刻地思考，嘱咐幼儿回到家里和家人一起完成教师布置的亲子运动游戏内容。主体学习内容结束后，幼儿教师收拾场地与器材，思考教学过程中存在的问题，总结与归纳成功经验，便于下一次运动游戏干预的顺利实施。由此形成了幼儿运动游戏干预闭环式实施流程（见图7-5）。

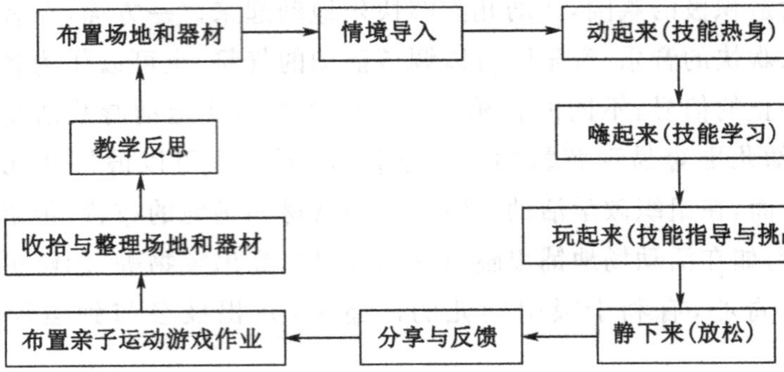

图 7-5　幼儿运动游戏干预闭环式实施流程

（三）多元化评价幼儿运动游戏干预方案

运动游戏干预方案评价的类型一般有诊断性评价、形成性评价和总结性评价三种。三种评价类型分别在干预方案实施的前、中、后进行。基于诊断性评价已经在方案开发的分析上有所阐述，在这里主要聚焦幼儿运动游戏干预过程中的形成性评价和干预后的总结性评价。

在形成性评价方面，可以根据幼儿教师在运动游戏教学和互动中的观察，评价幼儿的学习情况，尤其是动作学习、健康行为、体育品德方面的表现，及时给予幼儿正向激励和反馈，鼓励幼儿积极参与到运动游戏中。在总结性评价方面，主要是通过量化的测试手段评估和判断幼儿的运动能力，例如：可以通过 TGMD-3 或者《国民体质测定标准手册（幼儿部分）》中的指标来评估幼儿的运动能力。采用形成性评价与总结性评价相结合的方式能够全面、真实地反映幼儿运动能力、健康行为与体育品德的表现。无论是形成性评价还是总结性评价，都只是一种相对性评价，用以了解幼儿在运动游戏干预活动中的表现，以便发现干预活动中的不足，及时做出优化与调整，从而能够形成干预方案的闭环。

除了需要评价干预对象的学习效果外，还需要评价干预效果。干预教师作为干预方案的主导者，是否有效落实了干预方案，影响着干预的效果。不同水平的教师（专家和新手教师）实施与幼儿运动相关的课程，对幼儿基本动作技能学习的影响有所不同。因此，评估干预教师的活动实施程度也十分重要，如干预教师对干预活动的驾驭程度、干预教师在干预教学中运用沟通技巧的熟练程度、干预教师的授课方式与干预方案的契合度等。

第八章　基于基本动作技能发展的幼儿运动游戏教学干预

第一节　幼儿运动游戏教学干预实施概况

一、干预实施对象

以华东师范大学闵行永德实验幼儿园作为本书研究的实验基地，随机选择其中的小一班、中一班和大一班为实验班，小三班、中三班和大四班为对照班。开展教学干预实践在第一学期，学期末为冬季，因天气较为寒冷等原因，受测对象缺勤较多，而针对幼儿开展运动能力测试以尊重其个人意愿为原则，从而导致受测幼儿有前测无后测，或者有后测无前测。故本书只将学期初和学期末均参与基本动作技能测试和身体素质测试的幼儿作为主要分析对象。其中，小组 30 人、中组 37 人、大组 50 人，研究对象的具体情况如表 8-1 所列。

表 8-1　研究对象年龄性别分布表

年级	班级类别	年龄/岁	性别		总计
			男	女	
小组	实验班	3.13±0.342	8	8	16
	对照班	3.07±0.267	8	6	14
中组	实验班	4.40±0.503	9	11	20
	对照班	4.82±0.529	10	7	17
大组	实验班	5.36±0.490	13	12	25
	对照班	5.16±0.374	13	12	25

二、干预实施准备

（一）实验工具的选择

选用 TGMD-3 作为测评工具，测评幼儿基本动作技能的水平。选用《国民体质测定标准手册（幼儿部分）》的测试指标，即走平衡木、双脚连续跳、坐位体前屈、立定跳远、网球掷远和十米往返跑等项目，测评幼儿的身体素质水平。

（二）实验变量的选取

1. 自变量

（1）类别变量：实验班（简称 E）和对照班（简称 C）。

（2）时间变量：实验前和实验后。

（3）组别变量：小组、中组和大组（即小班、中班和大班）。

（4）性别变量：男、女。

2. 因变量

（1）幼儿基本动作技能水平。

（2）幼儿身体素质水平。

3. 无关变量

（1）生理因素。基本动作技能的发展与年龄存在一定的关联性，因此本书通过设计实验班和对照班，以控制个体生长发育的影响。

（2）实验教师因素。实验班由研究者、具备一定学前教育经验和体育教育背景的教师共同执教。因研究者曾参与相关幼儿运动课程内容的编写，对运动游戏教学内容领悟更为深入，再者，研究者具备 5 年的基层实践教学经验，能够保证课程干预的顺利实施。在实验开始前，研究者对所有参与运动游戏教学干预的教师进行教学培训，以确保教学理念的同向与同质。对照班在同一时间内由本园教师组织集体体育运动，确保实验班和对照班体育运动时间的一致性。

（3）测评数据因素。本书所选择的测评人员均经过专门系统的培训，并通过了严格考核，评分者一致性信度能够达到 80%以上。测评人员在此之前多次参加幼儿测评活动，拥有较为丰富的测评经验，能够保证测评数据的可靠性。

（4）气候因素。后测时天气变冷，所有测评均在室内进行，最大限度地保证幼儿能够发挥正常水平。

三、干预实施过程

（一）采集实验前测数据

学期开始时，采用 TGMD-3 测评工具和《国民体质测定标准（幼儿部分）》的相关指标，组织测评人员统一对小、中、大组的实验班和对照班幼儿进行基本动作技能水平和身体素质水平测评，测评方法同第三章与第四章，在此不再赘述。测评结束后，如实记录实验前测的成绩。

（二）实施幼儿运动游戏教学干预计划

本研究于 2019 年 9 月—2020 年 1 月在实验基地中进行幼儿运动游戏活动干预。活动干预期间，实验班按照小、中、大班每周进行 3 次运动游戏课，中、大班每次 30 分钟，小班每次 25 分钟的频率和时间进行。每个班每周开展一个主题游戏，运动游戏教学内容涵盖了 3 种动作技能，即移动性动作技能、操控性动作技能和稳定性动作技能，并结合幼儿身体素质发展将其分为 8 个主题，分别是平衡、爬行、走与跑、跳跃与协调、控制身体与滚翻、柔韧、快速反应与灵敏以及上下肢操控技能（见表 8-2）。表 8-3 呈现了具体教学课例。

表 8-2　实验班幼儿运动游戏教学内容一览表

周次	小组		中组		大组	
	主题	游戏名称	主题	游戏名称	主题	游戏名称
1	走与跑	动物园之行	上肢操控	小小控球手	跳跃与协调	跳“房子”
2	爬行	“蚂蚁”快跑	快速反应与灵敏	“猎人”与“狐狸”	走与跑	数字追逐赛
3	上肢操控	推球大战	控制身体与滚翻	快乐的“不倒翁”	爬行	勇敢者道路
4	下肢操控	射门得分	跳跃与协调	开合开竹竿舞	上肢操控	欢乐运球
5	跳跃与协调	小兔乖乖	走与跑	夺宝奇兵	上肢操控	小小搬运工
6	柔韧	柔软“小妖怪”	平衡	“鲨鱼”来了	平衡	报纸“弹簧人”

表 8-2（续）

周次	小组		中组		大组	
	主题	游戏名称	主题	游戏名称	主题	游戏名称
7	平衡	平衡大师	跳跃与协调	“青蛙”跳“荷叶”	上肢操控	快递小能手
8	快速反应与灵敏	超级模仿秀	爬行	“小蜘蛛”运粮食	上肢操控	小小牧羊人
9	控制身体与滚翻	翻滚的“筷子”	上肢操控	沙包大作战	控制身体与滚翻	“车轮”滚滚
10	跳跃与协调	快乐“小跳蛙”	走与跑	几何图形跑	平衡	小小探险家
11	爬行	“小鳄鱼”钻山洞	上肢操控	劳作小能手	爬行	“大象”爬梯子
12	上肢操控	赶鸭子大作战	上肢操控	玩轮胎	上肢操控	击球小能手

表 8-3　劳作小能手教学课例(中班第一次课)

情境导入	小朋友们知道阳桃是怎么来的吗？让我们一起去种一种吧				
游戏目标	1. 练习上肢操控物体的技能，提高上肢力量和肢体协调性； 2. 能够养成饮食、睡眠的健康生活习惯； 3. 培养协同合作、团结一致的团队精神				
游戏内容	用呼啦圈操控球				
安全保障	1. 教师在游戏过程中提醒注意周围，防止小朋友们发生碰撞； 2. 适当增大活动空间	场地器材	1. 小标志盘 40 个； 2. 小篮球 6 个； 3. 标志桶 12 个； 4. 海洋球 30 个		
游戏流程	游戏内容	游戏教法与评价	组织队形	运动负荷	
				时间	强度
动起来	【寻找阳桃种子】 活动场地低重心走、侧滑步跑、慢跑的形式完成走与跑两圈。 音乐：小种子	**游戏教学要点：** 提醒小朋友在活动过程中注意路面是否平整，调整速度。 **游戏评价要点：** 小朋友是否全程在跟着教师完成热身。 **动作要点：** 完成走跑活动时，注意保持身体平衡	一支纵队	3 分钟	小

表 8-3（续）

游戏流程	游戏内容	游戏教法与评价	组织队形	运动负荷	
				时间	强度
嗨起来	**【播种阳桃种子】** 小朋友们站成两横排，在距离小朋友前后两侧 3 米处分别划出两个圆圈，并在每个圆圈内摆放 20 个标志碟。在教师的指令下完成以下动作。 1. A 排小朋友负责 A 区域的阳桃播种，变换各种跑动的姿势从教师处领取“种子”（海洋球）并放在标志碟上即为播种成功。 2. 小朋友需要在两个圆圈内往复寻找种子，并放到自己未被播种的区域中。 补充拓展：加上一些指令，比如下雨啦、打雷啦，所有人要回到起点。 **【知识补充】**在种植时，需要经常给种子松松土，这样种子才能更好地呼吸，促进种子的生长。尤其是下雨会导致土壤中的氧气变小，更需要松松土	**游戏教学要点：** 1. 强调体验不同身体姿势的移动，以及提升空间意识。 2. 强调小朋友之间相互监督，尽力完成任务。 **游戏评价要点：** 小朋友是否尽全力认真完成各动作。 **动作要点：** 注意跑动急停时，降低重心，控制身体。	A 区域 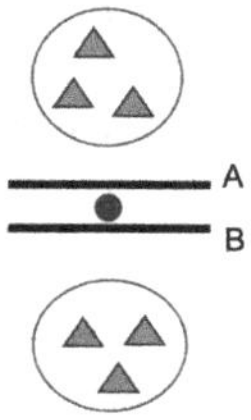 B 区域	5 分钟	中高
玩起来	**【松土助力阳桃树成长】** 1. 小朋友每一组分为两小组前后站，在距离起点 5 米处设置终点，两边分别站两个小组。小朋友从起点处用呼啦圈套住小篮球（松土）/拍球，从起点运送至终点，给另外一位小朋友，然后排在对面队伍队尾，由终点的小朋友再套住球牵拉至起点，交换。 2. 小朋友两人一组合作完成“松土”。 **【健康小知识】**阳桃能够帮助我们促进消化，补充身体的营养，增强抵抗力。小朋友们，平时要多吃水果，均衡饮食哟	**游戏教学要点：** 小朋友从起点至终点前期不采用接力形式，而是在教师口令下完成各练习。后期根据完成情况进行适应的改变。 1. 讲清楚路线。 2. 强调小朋友之间相互监督，尽力完成任务。 **游戏评价要点：** 拍球或者拉球走时没有出现掉球且速度较快。 **动作要点：** 拍球：用手指拍球，尽量控制反弹球的高度	××××× ××××× - - - - - - - - - 播种田地 - - - - - - - - - ××××× ×××××	18 分钟	高

表 8-3（续）

游戏流程	游戏内容	游戏教法与评价	组织队形	运动负荷	
				时间	强度
静下来	【等待收阳桃果子】 放松活动“数字舞蹈”。小朋友手拉手，围成一圈，和老师一起唱：“一、二、三，跳；四、五、六，跳，小手举起、中间靠拢；小手放下、向外拉开。”伴着音乐进行重复多次的放松	**游戏教学要点：** 做好正确示范。 **游戏评价要点：** 小朋友积极放松。 **动作要点：** 小朋友在纵跳的过程中，双臂有后摆动作，并向前上方摆动		4 分钟	低
亲子运动游戏作业	合作运输：小朋友与爸爸妈妈使用报纸棍作为运送工具，将家里的洋娃娃运送到指定位置				
课后反思	1. 本次课严格按照游戏干预课程要求展开教学，很好地达成了干预目标。通过各种形式的走、跑和拍球练习，提高了幼儿双手操控物体的技能，发展了其上肢力量和肢体协调性；通过游戏活动培养了幼儿的合作意识；通过游戏中的健康小知识环节，促进了幼儿养成健康饮食的习惯； 2. 改进之处：中班幼儿第一次课的连续拍球动作不够熟练，可以在下次课上缩短行进间拍球距离，提高幼儿在游戏活动中的成功体验				

（三）实验数据的整理与分析

所有实验数据用 Excel 2010 和 SPSS 23.0 软件统计分析，实验前后实验班和对照班幼儿的移动性动作技能、球类动作技能、基本动作技能总水平和身体素质各指标的组间差异采用独立样本 T 检验和单因素方差分析，组内差异采用配对样本 T 检验。所有数据用均值和标准差来表示。

第二节　幼儿运动游戏教学干预实施结果

一、实验后幼儿基本动作技能总成绩的多因素方差分析

通过对可能影响幼儿基本动作技能发展水平的实验干预、班级、性别等因素进行多因素方差分析。结果表明，幼儿基本动作技能总成绩显示出显著的“组别”主效应（$F_{组别}=41.744, P<0.01$），也有显著的“是否实验”主效应（$F_{是否实验}=19.791, P<0.01$），以及显著的“性别＊组别”“组别＊是否实验＊性别”之间的交互效应（$F_{性别*组别}=5.795, P<0.01$；$F_{性别*是否实验*组别}=5.423, P<0.01$），见表 8-4 和图 8-1。综上所述，组别、实验干预均是影响基

本动作技能发展的重要因素，同时组别与性别、组别和实验干预与性别的交互作用也会对幼儿基本动作技能水平产生影响。

表 8-4　实验后幼儿基本动作技能总成绩主体间效应的检验表

变异来源	Ⅲ型平方和	*df*	均方	*F*	*P*
修正模型	10 571.963[a]	11	961.088	12.052	0.000
截距	302 141.574	1	302 141.574	3 788.827	0.000
性别	27.636	1	27.636	0.347	0.557
是否实验	1 578.205	1	1 578.205	19.791	0.000**
组别	6 657.863	2	3 328.932	41.744	0.000**
性别 * 是否实验	20.199	1	20.199	0.253	0.616
性别 * 组别	924.286	2	462.143	5.795	0.004**
是否实验 * 组别	145.569	2	72.784	0.913	0.405
性别 * 是否实验 * 组别	864.851	2	432.425	5.423	0.006**
误差	8 373.268	105	79.745		
总计	362 389.000	117			

注：** 表示 $P<0.01$；[a]表示 $R^2=0.571$(调整后 $R^2=0.521$)。

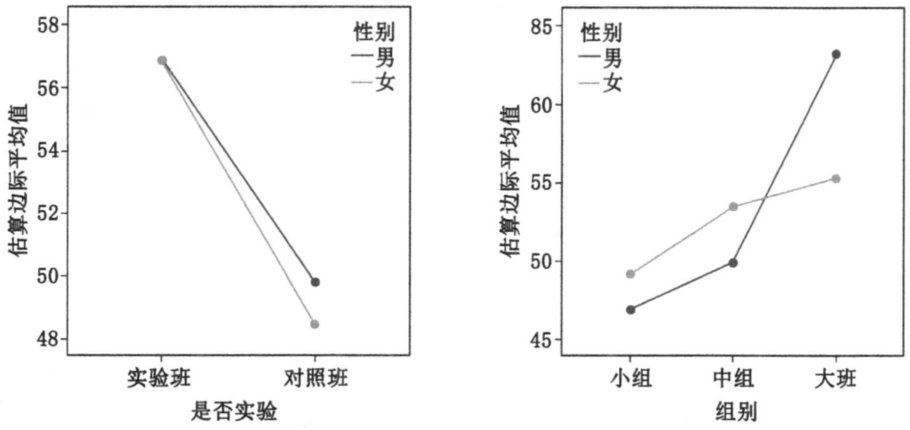

(a) 是否实验对估算边际平均值的影响　　(b) 组别对估算边际平均值的影响

图 8-1　实验后幼儿基本动作技能总成绩的交互效应图

二、实验前后不同班级幼儿基本动作技能数据的统计处理结果

（一）实验后实验班与对照班各类基本动作技能成绩的差异性

幼儿基本动作技能总成绩受到“是否实验”与“组别”主效应的影响，因此本书对实验前后小、中、大组实验班和对照班的移动性动作技能、球类动作技能及基本动作技能成绩进行差异性比较。

1. 实验后E小组幼儿的移动性动作技能成绩显著优于C小组

独立样本T检验结果表明：实验前E小组、E中组与C小组、C中组幼儿在移动性动作技能成绩上无显著性差异，表明其发展均处于同一水平；E大组、C大组幼儿的移动性动作技能成绩存在显著性差异（$T_{前大}=2.066$，$P<0.05$），反映两组移动性动作技能不同质，在进行实验后比较时，将选用进步幅度进行分析。实验后E小组、C小组的移动性动作技能成绩存在显著性差异（$T_{后小}=2.219$，$P<0.05$），从均值上判断，在移动性动作技能成绩方面，E小组幼儿成绩显著优于C小组的成绩，见表8-5。

表8-5　E、C各组幼儿移动性动作技能成绩独立样本T检验比较表

组别	班级类别	N	M	SD	T	P
小组实验前	E	16	18.56	9.832	−0.824	0.417
	C	14	21.07	6.133		
小组实验后	E	16	27.50	5.266	2.219	0.035*
	C	14	23.14	5.475		
中组实验前	E	20	24.90	6.248	−0.248	0.805
	C	17	25.47	7.731		
中组实验后	E	20	31.15	5.687	0.634	0.530
	C	17	30.00	5.268		
大组实验前	E	25	32.84	8.797	2.066	0.044*
	C	25	27.96	7.882		
大组实验后	E	25	5.84[a]	4.997	1.469	0.148
	C	25	3.64[a]	5.574		

注：*表示$P<0.05$；[a]表示进步幅度。

2. 实验后E中组、E大组幼儿的球类动作技能成绩显著更优

独立样本 T 检验结果表明：实验前E与C各组在球类动作技能成绩上无显著性差异，这表明实验前其在球类动作技能总体上处于同一水平；实验后E中组、E大组和C中组、C大组的球类动作技能成绩存在显著性差异（$T_{后中}=2.440$，$P<0.05$；$T_{后大}=2.216$，$P<0.05$），从均值上判断，在球类动作技能成绩方面，E中组、E大组幼儿成绩显著优于C中组、C大组，见表8-6。

表8-6　E、C各组幼儿球类动作技能成绩独立样本 *T* 检验比较表

组别	班级类别	*N*	*M*	*SD*	*T*	*P*
小组实验前	E	16	14.88	7.023	−1.819	0.080
	C	14	18.86	4.487		
小组实验后	E	16	18.81	6.544	0.614	0.544
	C	14	17.43	5.680		
中组实验前	E	20	21.10	6.656	0.912	0.368
	C	17	19.18	6.075		
中组实验后	E	20	23.95	6.353	2.440	0.020*
	C	17	18.65	6.855		
大组实验前	E	25	26.52	8.242	−0.389	0.699
	C	25	27.40	7.751		
大组实验后	E	25	28.72	6.484	2.216	0.031*
	C	25	25.04	5.184		

注：* 表示 $P<0.05$。

3. 实验后E大组幼儿的基本动作技能总成绩显著优于C大组

独立样本 T 检验结果表明：实验前E、C各组在基本动作技能总成绩上无显著性差异，表明实验前其基本动作技能发展处于同一水平。实验后E大组与C大组的基本动作技能总成绩存在非常显著性差异（$T_{后大}=1.406$，$P<0.01$），从均值上判断，E大组幼儿成绩显著优于C大组。

表 8-7　E、C 各组幼儿基本动作技能总成绩独立样本 *T* 检验比较表

组别	班级类别	*N*	*M*	*SD*	*T*	*P*
小组实验前	E	16	33.44	15.310	−1.500	0.148
	C	14	39.93	7.560		
小组实验后	E	16	46.31	10.892	1.479	0.150
	C	14	40.57	10.271		
中组实验前	E	20	46.00	10.974	0.380	0.706
	C	17	44.65	10.594		
中组实验后	E	20	55.10	10.794	1.899	0.066
	C	17	48.65	9.682		
大组实验前	E	25	59.36	14.812	1.009	0.318
	C	25	55.36	13.168		
大组实验后	E	25	67.40	9.596	1.406	0.000**
	C	25	56.64	7.158		

注：** 表示 $P<0.01$。

（二）实验后 E、C 各组幼儿各类基本动作技能成绩进步幅度差异

比较实验后 E、C 各组幼儿各类基本动作技能成绩后，发现部分指标未呈现显著性差异，为了能够更清晰、全面地评估实验干预的效果，故采用独立样本 *T* 检验对 E、C 各组幼儿移动性动作技能、球类动作技能和基本动作技能总成绩进行实验前后进步幅度均值的比较。结果发现：E 各组幼儿各类基本动作技能成绩的进步幅度均高于 C 各组，见图 8-2。

三、实验前后不同组幼儿身体素质数据的统计处理结果

独立样本 *T* 检验结果表明：实验前 E、C 各组幼儿身体素质各指标成绩无显著性差异，表明实验前 E、C 各组幼儿身体素质处于同一水平；实验后 E 小组幼儿在立定跳远项目上存在显著性差异，E 中组幼儿在网球掷远项目上存在显著性差异，E 大组幼儿在走平衡木、坐位体前屈、立定跳远和网球掷远项目上均存在显著性差异（$T_{后小立}=2.594$；$T_{后中掷}=2.353$；$T_{后大衡}=-2.357$；$T_{后大屈}=2.310$；$T_{后大立}=2.291$；$T_{后大掷}=2.473$，$P<0.05$），从均值上判断，实验班幼儿成绩更优，见表 8-8～表 8-13。

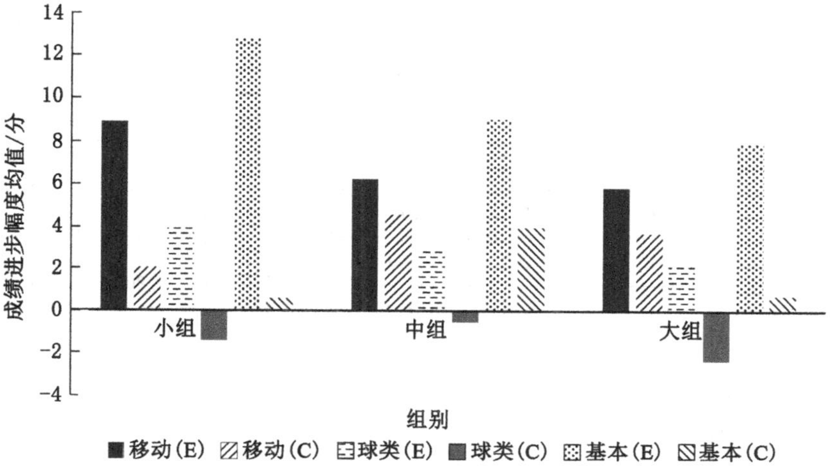

图 8-2　实验前后 E、C 各组幼儿基本动作技能成绩进步幅度均值比较

表 8-8　E、C 各组走平衡木成绩独立样本 *T* 检验比较表

组别	班级类别	*N*	*M*	*SD*	*T*	*P*
小组实验前	E	16	16.12	2.029	−0.948	0.351
	C	14	17.03	3.162		
小组实验后	E	16	15.66	1.917	−1.325	0.196
	C	14	16.77	2.654		
中组实验前	E	20	13.79	7.601	0.983	0.332
	C	17	11.66	5.032		
中组实验后	E	20	11.27	4.321	−0.165	0.870
	C	17	11.53	5.008		
大组实验前	E	25	7.73	2.950	−0.787	0.437
	C	25	8.24	1.279		
大组实验后	E	25	6.76[a]	2.226	−2.357	0.024*
	C	25	7.97[a]	1.291		

注：*表示 $P<0.05$；[a]表示进步幅度。

表 8-9　E、C 各组双脚连续跳成绩独立样本 T 检验比较表

组别	班级类别	N	M	SD	T	P
小组实验前	E	16	10.01	2.669	−0.486	0.631
	C	14	10.47	2.459		
小组实验后	E	16	9.47	3.082	−0.712	0.482
	C	14	10.17	2.085		
中组实验前	E	20	8.16	2.177	0.805	0.426
	C	17	7.45	3.169		
中组实验后	E	20	7.46	1.927	0.216	0.830
	C	17	7.31	2.261		
大组实验前	E	25	6.26	1.144	−1.330	0.190
	C	25	7.59	4.875		
大组实验后	E	25	5.87	0.771	−1.998	0.056
	C	25	7.13	3.060		

表 8-10　E、C 各组坐位体前屈成绩独立样本 T 检验比较表

组别	班级类别	N	M	SD	T	P
小组实验前	E	16	11.50	3.636	0.262	0.795
	C	14	11.14	3.972		
小组实验后	E	16	12.01	2.870	0.996	0.328
	C	14	10.95	2.931		
中组实验前	E	20	8.77	5.008	−0.824	0.416
	C	17	10.04	4.199		
中组实验后	E	20	10.46	4.001	−0.694	0.492
	C	17	11.36	3.937		
大组实验前	E	25	10.64	4.505	1.738	0.089
	C	25	8.27	5.093		
大组实验后	E	25	11.71	3.527	2.310	0.025*
	C	25	9.28	3.895		

注：* 表示 $P<0.05$。

表 8-11　E、C 各组立定跳远成绩独立样本 *T* 检验比较表

组别	班级类别	*N*	*M*	*SD*	*T*	*P*
小组实验前	E	16	71.00	10.770	1.673	0.105
	C	14	64.00	12.153		
小组实验后	E	16	74.31	11.140	2.594	0.015*
	C	14	63.64	11.352		
中组实验前	E	20	73.95	8.843	−1.380	0.176
	C	17	78.29	10.306		
中组实验后	E	20	84.60	9.933	1.931	0.062
	C	17	77.59	12.156		
大组实验前	E	25	93.64	12.996	0.944	0.350
	C	25	89.64	16.720		
大组实验后	E	25	100.72	14.823	2.291	0.026*
	C	25	90.60	16.371		

注：* 表示 $P<0.05$。

表 8-12　E、C 各组网球掷远成绩独立样本 *T* 检验比较表

组别	班级类别	*N*	*M*	*SD*	*T*	*P*
小组实验前	E	16	3.13	0.827	−0.965	0.343
	C	14	3.43	0.896		
小组实验后	E	16	3.16	0.896	0.730	0.472
	C	14	2.91	0.917		
中组实验前	E	20	3.09	0.866	−0.470	0.642
	C	17	3.24	0.984		
中组实验后	E	20	4.15	1.232	2.353	0.024*
	C	17	3.31	0.897		
大组实验前	E	25	5.38	1.694	0.672	0.505
	C	25	5.09	1.360		

表 8-12（续）

组别	班级类别	*N*	*M*	*SD*	*T*	*P*
大组实验后	E	25	6.45	1.780	2.473	0.017*
	C	25	5.37	1.279		

注：*表示 $P<0.05$。

表 8-13 E、C 各组十米往返跑成绩独立样本 *T* 检验比较表

组别	班级类别	*N*	*M*	*SD*	*T*	*P*
小组实验前	E	16	8.93	1.094	0.465	0.646
	C	14	8.74	1.110		
小组实验后	E	16	8.83	1.146	−0.481	0.634
	C	14	9.05	1.379		
中组实验前	E	20	8.78	0.972	0.683	0.499
	C	17	8.63	1.318		
中组实验后	E	20	8.30	0.823	−0.321	0.750
	C	17	8.42	1.346		
大组实验前	E	25	8.10	0.953	0.341	0.735
	C	25	7.99	1.318		
大组实验后	E	25	7.65	0.641	−0.796	0.430
	C	25	7.85	1.065		

四、实验前后不同性别幼儿基本动作技能数据的统计处理结果

（一）E 小组、E 大组男、女幼儿移动性动作技能成绩显著差异

独立样本 *T* 检验结果显示，实验后，E 小组、E 大组的男、女幼儿在移动性动作技能成绩上存在非常显著性差异（$T_{E小}=-3.095, P<0.01$；$T_{E大}=3.006, P<0.01$），见表 8-14。从均值上判断，E 小组女幼儿移动性动作技能的成绩优于男幼儿，E 大组男幼儿移动性动作技能的成绩优于女幼儿。为了进一步判断不同性别幼儿的移动性动作技能变化，对 E 各组男、女幼儿实

验前后的移动性动作技能进步幅度进行分析。结果表明，E 小组、E 大组均为男幼儿移动性动作技能成绩的进步幅度显著优于女幼儿，见图 8-3。

表 8-14　E、C 各组移动性动作技能成绩独立样本 *T* 检验比较表

组别	班级类别	性别	*N*	*M*	*SD*	*T*	*P*
小班实验前	E	男	8	14.50	8.036	−1.766	0.099
		女	8	22.63	10.239		
	C	男	8	19.75	7.760	−0.926	0.373
		女	6	22.83	2.639		
小班实验后	E	男	8	24.25	4.268	−3.095	0.008**
		女	8	30.75	4.132		
	C	男	8	23.50	5.855	0.272	0.791
		女	6	22.67	5.428		
中班实验前	E	男	9	24.89	6.827	0.007	0.994
		女	11	24.91	6.074		
	C	男	10	24.80	8.244	−0.416	0.683
		女	7	26.43	7.458		
中班实验后	E	男	9	29.89	5.278	−0.892	0.384
		女	11	32.18	6.047		
	C	男	10	29.20	5.308	−0.738	0.472
		女	7	31.14	5.398		
大班实验前	E	男	13	34.38	6.602	0.910	0.372
		女	12	31.17	10.744		
	C	男	13	26.69	9.004	−0.832	0.414
		女	12	29.33	6.569		
大班实验后	E	男	13	41.69	4.270	3.006	0.006**
		女	12	35.42	6.082		
	C	男	13	31.92	5.251	0.310	0.759
		女	12	31.25	5.594		

注：** 表示 $P<0.01$。

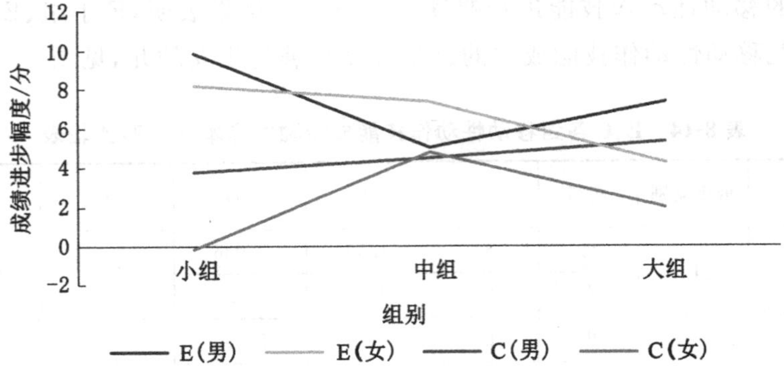

图 8-3　实验前后 E、C 各组男、女幼儿的移动性动作技能成绩进步幅度图

（二）实验后 E 各组男、女幼儿球类动作技能成绩均无差异

独立样本 T 检验结果显示，实验后仅 C 小组男、女幼儿在球类动作技能成绩上存在显著性差异（$T_{C小}=2.237, P<0.05$），且男幼儿的成绩优于女幼儿，见表 8-15。通过对 E、C 各组男、女幼儿的球类动作技能成绩进步幅度的分析可知，E 小组、E 中组男幼儿球类动作技能成绩进步幅度优于女幼儿，而 E 大组男幼儿球类动作技能进步幅度则劣于女幼儿，见图 8-4。

表 8-15　E、C 各组球类动作技能成绩独立样本 *T* 检验比较表

组别	班级类别	性别	*N*	*M*	*SD*	*T*	*P*
小组实验前	E	男	8	11.88	3.603	−1.840	0.087
		女	8	17.88	8.493		
	C	男	8	20.38	3.503	1.536	0.150
		女	6	16.83	5.154		
小组实验后	E	男	8	16.63	2.066	−1.376	0.207
		女	8	21	8.751		
	C	男	8	20	5.682	2.237	0.045*
		女	6	14	3.742		
中组实验前	E	男	9	20.22	8.628	−0.495	0.630
		女	11	21.82	4.834		
	C	男	10	17.30	6.019	−1.594	0.132
		女	7	21.86	5.460		

表 8-15（续）

组别	班级类别	性别	N	M	SD	T	P
中组实验后	E	男	9	24.22	5.761	0.169	0.868
		女	11	23.73	7.072		
	C	男	10	17.30	7.790	−1.039	0.315
		女	7	20.57	5.192		
大组实验前	E	男	13	30	7.280	2.407	0.025*
		女	12	22.75	7.783		
	C	男	13	29.92	6.726	1.767	0.090
		女	12	24.67	8.128		
大组实验后	E	男	13	2[a]	9.755	−0.107	0.915
		女	12	2.42[a]	9.615		
	C	男	13	26.62	4.822	1.636	0.115
		女	12	23.33	5.211		

注：* 表示 $P<0.05$；[a] 表示进步幅度。

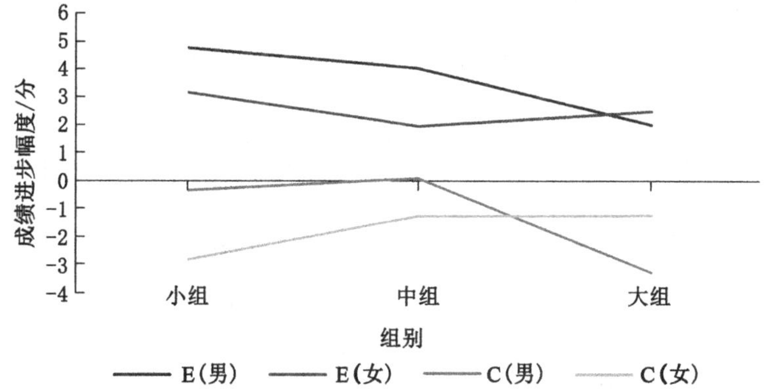

图 8-4　实验前后 E、C 各组男、女幼儿的球类动作技能成绩进步幅度图

（三）E 小组、E 大组男、女幼儿基本动作技能总成绩显著差异

独立样本 T 检验结果显示，实验后 E 小组、E 大组男、女幼儿在基本动作技能总成绩上存在显著性差异（$T_{E小}=-2.252$，$P<0.05$；$T_{E大}=4.656$，

$P<0.01$)，从均值上判断，E 小组女幼儿的基本动作技能总成绩优于男幼儿，而 E 大组男幼儿的基本动作技能总成绩优于女幼儿，见表 8-16。为了进一步判断不同性别幼儿的基本动作技能总成绩变化，对实验前后 E、C 各组男、女幼儿基本动作技能总成绩进步幅度进行分析，结果表明，E 小组、E 大组男幼儿基本动作技能总成绩进步幅度均优于女幼儿，见图 8-5。

表 8-16　E、C 各组基本动作技能总成绩独立样本 *T* 检验比较表

组别	班级类别	性别	*N*	*M*	*SD*	*T*	*P*
小组实验前	E	男	8	26.38	10.796	−2.028	0.062
		女	8	40.50	16.484		
	C	男	8	40.13	9.613	0.108	0.916
		女	6	39.67	4.367		
小组实验后	E	男	8	40.88	5.330	−2.252	0.041*
		女	8	51.75	12.578		
	C	男	8	43.50	11.225	1.259	0.232
		女	6	36.67	8.116		
中组实验前	E	男	9	45.11	13.869	−0.320	0.753
		女	11	46.73	8.580		
	C	男	10	42.10	12.133	−1.201	0.248
		女	7	48.29	7.228		
中组实验后	E	男	9	54.11	10.588	−0.362	0.722
		女	11	55.91	11.406		
	C	男	10	46.50	10.648	−1.100	0.289
		女	7	51.71	7.825		
大组实验前	E	男	13	64.38	12.386	1.853	0.077
		女	12	53.92	15.785		
	C	男	13	56.62	13.500	0.488	0.630
		女	12	54.00	13.253		

表 8-16（续）

组别	班级类别	性别	N	M	SD	T	P
大组实验后	E	男	13	73.69	5.721	4.656	0.000**
		女	12	60.58	8.229		
	C	男	13	58.54	7.378	1.408	0.172
		女	12	54.58	6.598		

注：* 表示 $P<0.05$，** 表示 $P<0.01$。

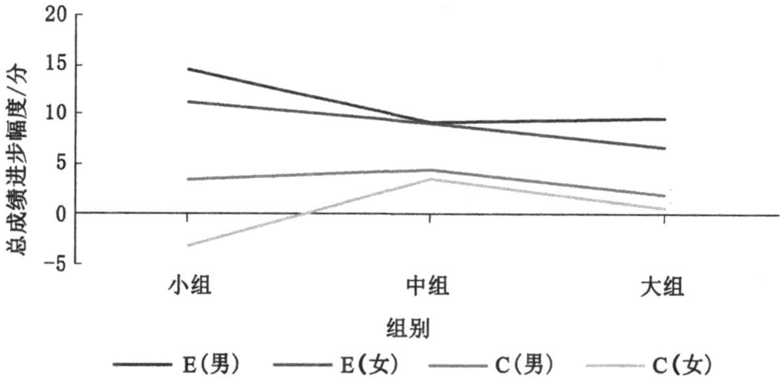

图 8-5　实验前后 E、C 各组男、女幼儿基本动作技能总成绩进步幅度图

五、实验前后不同性别幼儿身体素质数据的统计处理结果

（一）E 各组男幼儿走平衡木成绩进步幅度均优于女幼儿

对实验前后 E、C 各组男、女幼儿走平衡木成绩进行独立样本 T 检验，结果发现，男、女幼儿在此项目上的成绩均无显著性差异，见表 8-17。为了进一步明确 E、C 各组男、女幼儿走平衡木成绩的进步幅度是否存在差异，便对进步幅度进行了分析。结果发现，E 各组幼儿走平衡木成绩进步幅度均优于 C 各组幼儿，E 各组男幼儿走平衡木成绩进步幅度均优于女幼儿，E 小组男幼儿走平衡木成绩进步幅度显著优于女幼儿，见图 8-6。

表 8-17　E、C 各组身体素质指标成绩独立样本 *T* 检验(一)

组别	班级类别	性别	*N*	*M*±*SD*		
				走平衡木成绩	双脚连续跳成绩	坐位体前屈成绩
小组实验前	E	男	8	16.26±1.951	8.94±1.966	10.88±2.748
		女	8	15.99±2.231	11.07±2.967	12.13±4.459
	C	男	8	16.67±2.506	9.83±2.530	9.74±1.942
		女	6	17.51±4.089	11.31±2.293	13.00±5.333
小组实验后	E	男	8	15.36±1.773	7.94±1.957*	11.83±1.985
		女	8	15.96±2.127	11.01±3.336	12.19±3.693
	C	男	8	16.64±2.251	9.65±2.259	9.80±1.175
		女	6	16.94±3.341	10.87±1.773	12.48±3.933
中组实验前	E	男	9	15.99±10.285	7.77±1.597	9.06±5.914
		女	11	11.99±4.151	8.48±2.591	8.54±4.421
	C	男	10	12.07±4.742	8.27±3.963	8.21±3.663*
		女	7	11.09±5.756	6.28±0.702	12.64±3.661
中组实验后	E	男	9	11.84±5.129	6.96±1.862	10.50±4.248
		女	11	10.81±3.731	7.87±1.968	10.42±3.997
	C	男	10	12.44±4.918	8.05±2.729	2.13±4.567
		女	7	10.22±5.217	6.26±0.520	0.19±2.092
大组实验前	E	男	13	7.35±3.149	5.83±0.816	9.32±5.321
		女	12	8.15±2.794	6.73±1.292	12.07±3.018
	C	男	13	8.15±1.509	8.28±6.682	7.15±5.870
		女	12	8.33±1.031	6.85±1.406	9.48±3.992
大组实验后	E	男	13	6.20±1.967	5.53±0.499*	11.23±4.141
		女	12	7.36±2.414	6.23±0.868	12.23±2.807
	C	男	13	7.89±1.484	7.42±4.127	8.64±4.626
		女	12	8.05±1.105	6.81±1.280	9.98±2.957

注：* 表示 $P<0.05$。

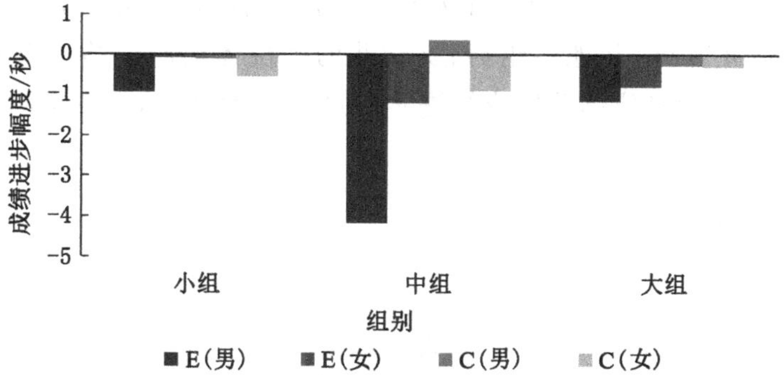

图 8-6　实验前后 E、C 各组男、女幼儿的平衡木成绩进步幅度图

（二）E 小组、E 大组男幼儿双脚连续跳成绩显著优于女幼儿

对实验前后 E、C 各组男、女幼儿的双脚连续跳成绩进行独立样本 T 检验，结果发现，E 小组、E 大组幼儿在此项目上的成绩有显著性差异，为了进一步明确 E、C 各组男、女幼儿成绩的进步幅度情况，对 E、C 各组男、女幼儿的双脚连续跳成绩进步幅度进行了分析，结果发现，E 小组男幼儿双脚连续跳成绩显著优于女幼儿，见图 8-7。

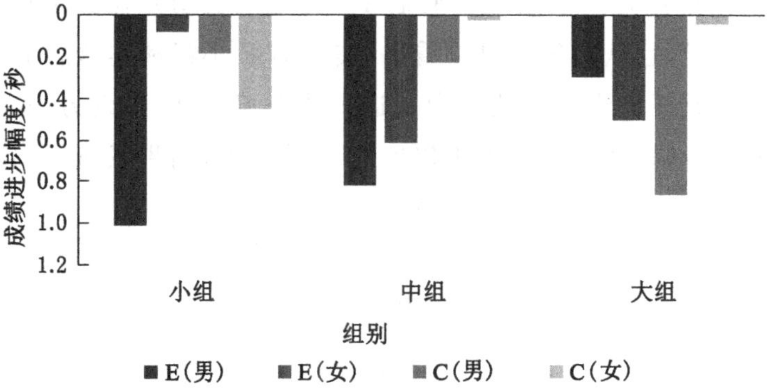

图 8-7　实验前后 E、C 各组男、女幼儿的双脚连续跳成绩进步幅度图

（三）E 小组、E 大组男幼儿坐位体前屈成绩进步幅度优于女幼儿

对实验前后 E、C 各组男、女幼儿的坐位体前屈成绩进行独立样本 T 检验，结果发现，除实验前 C 中组男、女幼儿在此项目上的成绩呈现显著性差异外，其余各组均无显著性差异，见表 8-17。为了进一步明确 E、C 各组男、

女幼儿成绩的进步幅度是否存在差异，对进步幅度进行分析，结果发现，除了C小组幼儿以外，其他各组男、女幼儿的坐位体前屈成绩均有所提升，E小、大组男幼儿的坐位体前屈成绩进步幅度高于女幼儿，E中组则是女幼儿优于男幼儿，见图8-8。

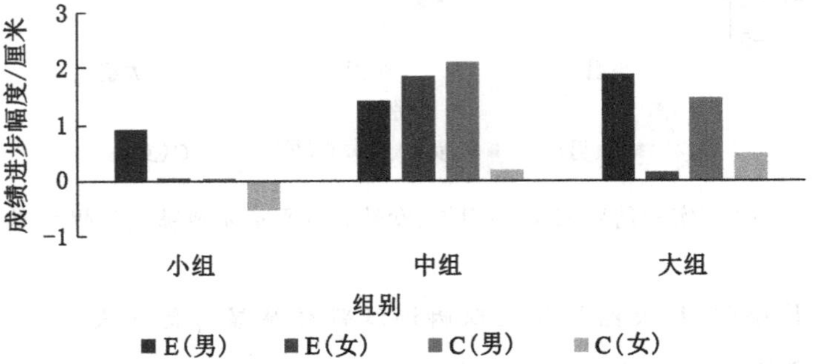

图8-8　实验前后E、C各组男、女幼儿的坐位体前屈成绩进步幅度图

（四）E大组男幼儿立定跳远成绩显著优于女幼儿

对实验前后E、C各组男、女幼儿的立定跳远成绩进行独立样本T检验，结果发现，实验前E小组和实验后E大组男、女幼儿在此项目上的成绩存在显著性差异，且从均值上可以看出，实验前E小组和实验后E大组男幼儿立定跳远的成绩优于女幼儿。为了进一步明确E、C各组男、女幼儿的立定跳远成绩进步幅度情况，对进步幅度进行了分析，结果发现，E各组男、女幼儿的进步幅度均优于C各组男、女幼儿，见图8-9。

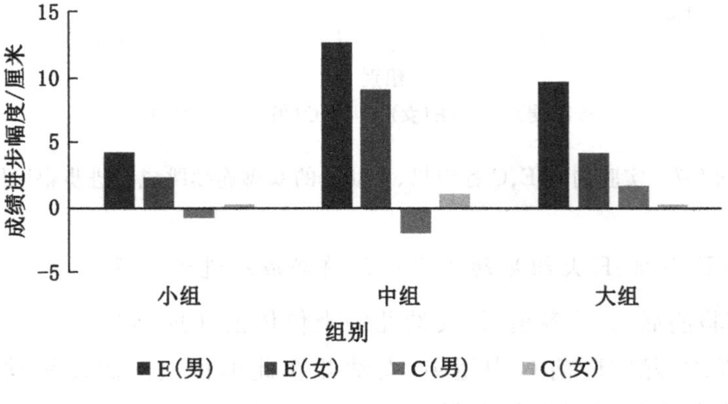

图8-9　实验前后E、C各组男、女幼儿的立定跳远成绩进步幅度图

（五）E 小组、E 大组男幼儿网球掷远成绩显著优于女幼儿

对实验前后 E、C 各组男、女幼儿的网球掷远成绩进行独立样本 T 检验，结果发现，实验前 E 中组、实验后 E 小组和 E 大组男、女幼儿在此项目上的成绩均有显著性差异，且从均值上可以看出，E 小组、E 大组男幼儿的网球掷远的成绩优于女幼儿，见表 8-18。为了进一步明确 E、C 各组男、女幼儿的网球掷远成绩进步幅度情况，对进步幅度进行了分析，结果发现，E 中组、E 大组男、女幼儿的网球掷远成绩进步幅度均优于 C 中组、C 大组男、女幼儿，也优于小组男、女幼儿，E 各组男幼儿的网球掷远成绩进步幅度优于女幼儿，见图 8-10。

表 8-18　E、C 各组身体素质指标成绩独立样本 T 检验(二)

组别	班级类别	性别	N	$M \pm SD$		
				立定跳远成绩	网球掷远成绩	十米往返跑成绩
小组实验前	E	男	8	77.38±8.105*	3.25±0.463	8.70±1.166
		女	8	64.63±9.486	3.00±1.102	9.16±1.043
	C	男	8	66.75±13.424	3.81±0.961	8.76±1.333
		女	6	60.33±10.172	2.92±0.492	8.71±0.845
小组实验后	E	男	8	64.25±6.182	3.63±0.850*	8.59±1.121
		女	8	62.38±3.662	2.69±0.704	9.06±1.197
	C	男	8	66.00±13.191	3.50±0.707**	9.12±1.633
		女	6	60.50±8.408	2.13±0.455	8.95±1.091
中组实验前	E	男	9	74.33±8.109	3.51±1.079*	8.40±0.929*
		女	11	73.64±9.785	2.75±0.456	9.28±0.846
	C	男	10	78.30±11.196	3.20±1.093	9.12±1.526*
		女	7	78.29±9.759	3.29±0.884	7.92±0.382
中组实验后	E	男	9	87.00±12.480	1.37±0.758	−0.43±0.442
		女	11	82.64±7.311	0.80±0.612	−0.71±0.465
	C	男	10	76.30±11.006	3.39±0.818	−0.13±0.423
		女	7	79.43±14.339	3.19±1.054	−0.32±0.378

表 8-18（续）

组别	班级类别	性别	N	$M \pm SD$		
				立定跳远成绩	网球掷远成绩	十米往返跑成绩
大组实验前	E	男	13	98.15±14.346	6.11±1.803*	7.73±0.863*
		女	12	88.75±9.687	4.59±1.187	8.50±0.916
	C	男	13	94.69±18.759	5.66±1.343*	8.31±0.995
		女	12	84.17±12.777	4.47±1.122	7.64±1.565
大组实验后	E	男	13	107.85±13.527**	1.47±0.788*	−0.42±0.577
		女	12	93.00±12.439	0.64±0.650	−0.48±0.476
	C	男	13	96.38±17.419	0.02±1.064	8.07±0.865
		女	12	84.33±13.089	0.57±0.389	7.61±1.239

注：* 表示 $P<0.05$，** 表示 $P<0.01$。

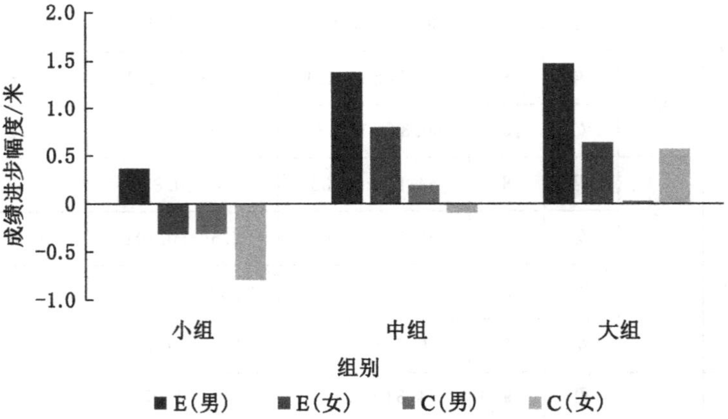

图 8-10　实验前后 E、C 各组男、女幼儿的网球掷远成绩进步幅度图

（六）E 中组、E 大组女幼儿十米往返跑成绩进步幅度优于男幼儿

对实验前后 E、C 各组男、女幼儿的十米往返跑成绩进行独立样本 T 检验，结果发现，实验前 E 中组、C 中组、E 大组男、女幼儿在此项目上的成绩存在显著性差异，见表 8-18。为了进一步明确 E、C 各组男、女幼儿的十米往返跑成绩进步幅度情况，对进步幅度进行了分析。结果发现，除了 C 小组幼

儿以外，其他各组男、女幼儿的十米往返跑成绩均有提升，E 中组、E 大组女幼儿的十米往返跑成绩进步幅度高于男幼儿，见图 8-11。

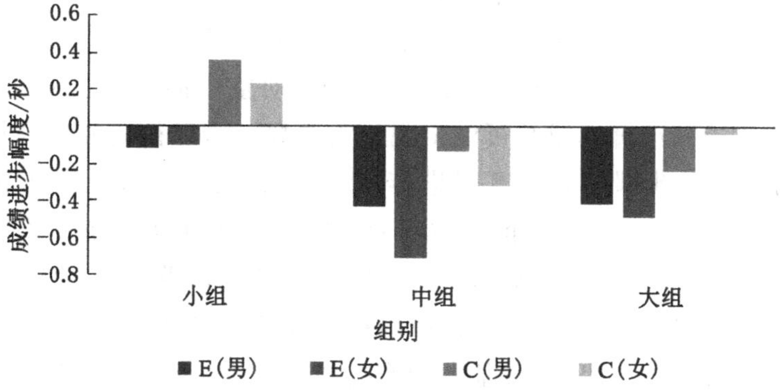

图 8-11　实验前后 E、C 各组男、女幼儿的十米往返跑成绩进步幅度图

第三节　幼儿运动游戏教学干预效果分析

一、运动游戏教学干预活动全面促进了幼儿运动能力的提升

干预后，E 各组幼儿的各类基本动作技能成绩进步幅度均比 C 各组高，尤其是 E 小组幼儿移动性动作技能成绩、E 小组与 E 大组幼儿的基本动作技能总成绩提高更显著。在身体素质水平方面，E 小组幼儿的立定跳远，E 中组幼儿的网球掷远，E 大组幼儿的走平衡木、坐位体前屈、立定跳远和网球掷远成绩均有显著提升，其原因与幼儿的基本动作技能发展特点以及运动游戏干预内容的趣味性和评价反馈的有效性相关。

较球类动作技能而言，小组幼儿更熟悉移动性动作技能，如跑、跳、爬等，这是幼儿日常生活中常见的基本动作技能。已有研究中提到，3～4 岁的幼儿侧重于发展移动性动作技能，本书的研究结果再次佐证了这一观点[61]。在日常的运动游戏教学干预活动中，基于小组幼儿以模仿为主的学习特点，会对小青蛙、小兔子、小松鼠等跳跃类动物极为感兴趣，通过动作模仿，他们会自然地融入其中，并参与练习跳跃动作，这也是小组幼儿立定跳远成绩显著提升的原因之一。从练习方式的角度而言，小组基本动作技能的学练更多地采用重复强化的形式，保证运动游戏参与的积极性与运动中体验到的喜悦感，所以基本动作技能总成绩有显著提升。

对于 E 中组幼儿而言，其网球掷远成绩较 C 中组有明显提升，这与研究中所发现的 E 中组的球类动作技能有显著改善有一定关系。前面研究已说明球类动作技能的提升与网球掷远有显著中度正相关关系。通过开展丰富的运动游戏教学活动，有效地刺激了幼儿视-动整合能力。已有研究发现，4～5 岁幼儿的网球掷远成绩可能出现最大增幅[200]，以往研究发现粗大动作练习对幼儿的网球掷远成绩有促进作用[201]。在这一阶段给予丰富的运动体验，如沙包大作战、劳作小能手、小小控球手等，上述运动游戏内容在日常幼儿体育运动中开展较少、强度较小，导致对幼儿腰腹力量的刺激不够充分，一定程度上阻碍了 C 中组幼儿网球掷远成绩的提升。

对于 E 大组幼儿而言，其基本动作技能总成绩较 C 大组有显著提高，其平衡、柔韧、下肢爆发力、腰腹力量等身体素质都有明显改善。对于大组幼儿而言，其认知水平更成熟、运动经验更丰富，5.5 岁的是幼儿基本动作技能发展的高峰期，也是幼儿下肢爆发力、平衡能力快速增长的时期，上肢力量随着年龄的增长，表现出缓慢上升趋势[202]。幼儿教师在教学中的有效指导和反馈对提升幼儿运动能力的效果更好。幼儿教师在组织运动游戏教学活动的过程中，对幼儿动作技能完成程度提供及时的指导与辅助，强调动作技能学习重点，辅以正确的动作示范，并在游戏中给予针对性的保护与帮助。在教学实施的过程中，应依据幼儿动作表现设计挑战环节，激发大组幼儿的内在动机，提高动作练习的有效性，形成幼儿既会玩也爱玩的积极效应。

二、运动游戏教学活动对不同性别幼儿的运动能力发展效果有差异

研究结果表明，幼儿运动游戏教学干预活动对不同年龄段幼儿的基本动作技能和身体素质水平的影响均有所不同，相同点在于无论是基本动作技能的提高还是身体素质的改善，男幼儿的进步幅度皆优于女幼儿。不同点在于，小、大组男、女幼儿移动性动作技能成绩和基本动作技能总成绩差异显著，球类动作技能成绩则无明显的性别差异。类似地，通过分析身体素质各个指标后发现，小、大组幼儿的双脚连续跳和网球掷远成绩、大组幼儿的立定跳远成绩存在显著的性别差异。其他身体素质指标虽未出现显著的性别差异，但多数表现为 E 男幼儿的进步幅度优于女幼儿。

综上，主要原因可能在于男、女幼儿在游戏偏好和活动方面的差异。男

幼儿参与户外各类游戏活动更为活跃和积极，而女幼儿则更喜欢一些运动强度偏弱的游戏活动。研究指出，男幼儿更倾向于参与体育运动强度大的身体运动，女幼儿则参与强调社会性技能精准的身体运动更多[203]，一般而言运动强度偏小。男幼儿相对女幼儿参与的运动游戏活动更充分。因此，男幼儿移动性动作技能成绩、基本动作技能总成绩显著优于女幼儿，在运动游戏教学的干预下，男幼儿进步效果更突出。

对于球类动作技能而言，E各组男、女幼儿未见显著性差异，考虑其结果可能与球类动作技能比移动性动作技能更难熟练掌握有关，由于日常幼儿的体育运动更多是以移动性动作技能为主，而球类动作技能的运动经验略少，男、女幼儿均属于初级学习阶段，故进步幅度未出现明显的性别差异。

小、大组幼儿的双脚连续跳、网球掷远、立定跳远成绩有性别差异，这与小、大组幼儿移动性动作技能成绩与基本动作技能总成绩有显著的性别差异有一定关系。有学者研究提出，立定跳远和网球掷远项目随着年龄的增长，其性别差异逐渐增加[202]。这也可能是运动游戏教学活动之后，大组幼儿双脚连续跳、立定跳远和网球掷远成绩出现显著性别差异的原因之一。本书还发现小组幼儿的双脚连续跳和网球掷远成绩在干预后也存在性别差异，可能是因为小组幼儿通过参与运动游戏活动，其灵敏性、上下肢的协调性相应有了较大幅度的提升。

第九章 结　论

一、3～6 岁幼儿基本动作技能发展具有不均衡性

(1) 幼儿基本动作技能总体上随年龄的增长呈上升趋势(6.0 岁除外)，移动性动作技能发展水平优于球类动作技能。4.0 岁与 4.5 岁幼儿基本动作技能发展速度遭遇"平原效应"，成绩无显著变化。各年龄段幼儿发展最优的是跑步、侧滑步、双手接球项目，相对发展最弱的是跑跳步、立定跳远、踢固定球项目。

(2) 幼儿各类基本动作技能水平均有显著的性别和年龄差异。不同类型动作技能项目的显著性差异出现的年龄有所不同，相比移动性动作技能的各项目，球类动作技能各项目在不同年龄段较为稳定。男幼儿的各类基本动作技能水平均显著优于女幼儿(3.0 岁女幼儿的原地单手拍球与双手接球，6.0 岁女幼儿的原地单手拍球除外)，相比球类动作技能的各项目，移动性动作技能各项目在不同性别上表现较为稳定。

二、幼儿基本动作技能发展受身体素质、家庭及幼儿园环境影响

(1) 幼儿身体素质和移动性动作技能、球类动作技能以及基本动作技能总水平均具有显著正相关性。尤其是网球掷远与球类动作技能、基本动作技能总水平的相关程度，以及双脚连续跳和基本动作技能总水平的相关程度相对较高。幼儿身体素质水平在一定程度上能够预测和反映幼儿基本动作技能总水平，尤其是对正手击抛落球和单脚跳基本动作技能的预测性更强。

(2) 幼儿家长在早期养育中重视爬行、在体育运动方面的资金投入、为幼儿报名园外体育类培训班的数量均对幼儿基本动作技能的发展存在显著的正向影响。幼儿体育教学是促进幼儿基本动作技能发展的有效途径之

一，体育教学中不同教学策略使用程度，如参与度及幼儿教师鼓励与激发幼儿学练基本动作技能，发挥运动潜能的程度都对幼儿基本动作技能的发展有显著影响。

三、依据ISD模型开发了幼儿运动游戏干预方案

遵循动作发展模型的规律、幼儿身心发展特点以及动态系统理论，按照分析、设计、开发、实施和评估的步骤开发了幼儿运动游戏干预方案。干预方案以体育与健康核心素养为设计理念，形成纵向递进衔接、横向多维并举的目标体系与内容体系。通过闭环式的干预实施过程和多样化评价方式，为幼儿营造支持性运动环境，延长幼儿运动游戏的时间，拓展运动游戏的空间，提高运动游戏参与兴趣，为改善基于基本动作技能发展的幼儿运动游戏教学干预提供参考借鉴。

四、基于基本动作技能发展的运动游戏教学干预改善了幼儿运动能力

实施运动游戏教学干预活动改善了3～6岁幼儿基本动作技能水平，小组幼儿移动性动作技能水平，以及中、大组幼儿球类动作技能水平和大组幼儿基本动作技能总水平改善尤其显著；提升了3～6岁幼儿身体素质水平，特别是小组幼儿的爆发力、中组幼儿的腰腹力量，以及大组幼儿的平衡、柔韧、下肢爆发力与腰腹力量的改善更为显著。运动游戏教学干预活动对3～6岁男幼儿整体运动能力提升的效果较女幼儿更为明显。

总之，幼儿是“天生的活动者”。莎朗·L.施耐德曾说过：运动、想象和玩耍是欢乐童年的关键所在。喜欢运动是幼儿的本性，同时需要鼓励幼儿去参与。在幼儿阶段发展基本动作技能是儿童青少年能够掌握1～2项运动技能的重要基础，是形成体育与健康核心素养中运动能力的源头，亦是生命全周期健康发展的必要条件。建议未来在进行幼儿基本动作技能发展相关研究时，应从以下几个方面开展。

首先，依托幼儿体育课程建设，挖掘基本动作技能发展研究深度。运动游戏教学干预活动对幼儿运动能力的提升已经得到验证。接下来，应以现有研究为基础，大力推进幼儿体育课程建设，进一步深入挖掘以幼儿基本动作技能为载体的幼儿体育课程所发挥的价值和效用，结合幼儿教育的特点，加强对基本动作技能发展外延的认识与理解，将体育与健康核心素养渗透

到幼儿体育课程建设中，利用跨领域整合教学促进幼儿的全面发展，丰富基本动作技能发展的理论，推动幼儿体育朝着科学化、系统化及一体化方向发展。

其次，借助多元化、多维度视角，拓宽基本动作技能发展研究广度。在研究对象上，未来须扩大样本的覆盖面，加强对我国特殊幼儿（如多动症、自闭症等）的关注。在研究视域上，重视多学科交叉研究的可行性。破除学科研究的壁垒，幼儿基本动作技能的发展可以结合脑神经科学、儿童医学、心理学、信息技术等跨学科知识，丰富幼儿动作发展领域的研究范畴。在研究内容上，结合基本动作技能发展的影响因素，构建以幼儿园为中心的家园共育综合运动干预体系，扩大幼儿健康发展的辐射面。在研究方法上，基于已有实证研究与理论述评，丰富幼儿基本动作技能的研究路径，如采用观察、个案、视频录制等研究方式关注发展的过程性，从而更好地反映幼儿个体的差异性。

最后，革新幼儿体育教师培训，加快幼儿基本动作技能发展。通过师资培训，增加幼儿教师对幼儿基本动作技能发展的核心经验，进而提升体育教学实践中综合运用知识与技能的能力，推动幼儿教师在健康领域的体育专业化发展。未来在借鉴国外相关成功经验、立足我国国情的基础上，大力推进幼儿体育教师的师资培训。第一，在理念上，幼儿教师应树立“健康第一”的指导思想，发展幼儿的基本动作技能，实现体育与保育的相互融合，充分发挥通过身体运动产生的育人功能，立足幼儿阶段培养学生德智体美劳全面发展。第二，在目标上，幼儿教师培训应注重增量提质，以解决问题为导向，培养专业化、创新型、复合型的师资队伍，在扩大幼儿体育教师队伍的同时，培养更多能够有效解决幼儿健康问题的体育教师。第三，在内容上，注重幼儿教师对健康领域教学知识的理解以及对多学科领域知识的融合与运用，知道该教什么、如何教，从而更好地指导幼儿基本动作技能的学习与发展。第四，在路径上，着力在体育类院校开设幼儿体育教育课程或专业，加强幼儿体育教师的人才输送；引进国际幼儿体育相关专家对职前和职后教师进行专业培训，切实提高幼儿教师的体育教学能力等。

参考文献

[1] 龚欣,李贞义.学前教育经历对初中生非认知能力的影响:基于 CEPS 的实证研究[J].教育与经济,2018,34(4):37-45.

[2] 刘林佳.OECD 国家各学段的教育机会、参与和进展[J].上海教育,2024(35):43-45.

[3] 冯晓霞.幼儿园课程[M].北京:北京师范大学出版社,2001.

[4] 曾玉山.美国新版 K-12 体育课程国家标准探析[J].北京体育大学学报,2015,38(6):109-113,144.

[5] Finnish National Agency for Education. National core curriculum for ECEC in a nutshell[EB/OL].(2020-01-16)[2022-06-22]. https://www.oph.fi/en/education-and-qualifications/national-core-curriculum-ecec-nutshell.

[6] 王小英,刘思源.日本 2018 年实施的《幼儿园教育纲要》述评:基于日本《幼儿园教育纲要》五次修订的视角[J].外国教育研究,2018,45(8):105-113.

[7] 周兢,张莉,NIRMALA R.我国早期儿童学习与发展的现状分析:一项来自 EAP-ECDS 的研究报告[J].全球教育展望,2018,47(7):114-128.

[8] 柳倩,曾睿.3-5 岁儿童动作发展及其与早期认知、学习品质的关系研究[J].全球教育展望,2018,47(5):94-112.

[9] 林崇德.学生发展核心素养:面向未来应该培养怎样的人?[J].中国教育学刊,2016(6):1-2.

[10] 钟柏昌,李艺.核心素养如何落地:从横向分类到水平分层的转向[J].华东师范大学学报(教育科学版),2018,36(1):55-63.

[11] 季浏.我国《普通高中体育与健康课程标准(2017 年版)》解读[J].体育科学,2018,38(2):3-20.

[12] 习近平主持召开中央全面深化改革委员会第十三次会议强调 深化改革健全制度完善治理体系 善于运用制度优势应对风险挑战冲击[EB/OL].（2020-4-27）[2022-6-10]. http://www. xinhuanet. com/politics/leaders/2020-04/27/c_1125914459_3. htm.

[13] 章文芳. 基于 AHP-SWOT 的兰州市幼儿足球运动发展路径研究[D]. 兰州：西北师范大学，2020.

[14] 刘金富，魏源，朱小烽. 幼儿在园身体活动观察系统的建构与运用[J]. 学前教育研究，2016(8)：51-60.

[15] 崔娓，戴霄天，林森然，等. 上海市学龄前儿童运动协调能力现况[J]. 中国学校卫生，2019，40(1)：20-22.

[16] 文天静. 学龄前儿童体质健康与静态生活方式相关因素的研究：2014 年上海静安区 4-6 岁儿童体质监测为例[D]. 上海：上海体育学院，2016.

[17] 方慧. 体力活动研究的热点与走向：学术论坛综述[J]. 体育与科学，2018，39(4)：8-14.

[18] 王娟. 家园共育视角下幼儿健康教育的有效实施[J]. 中国教育学刊，2019(10)：87-90.

[19] 顾荣芳，王艳. 3～6 岁儿童健康领域的关键经验与实施路径[J]. 学前教育研究，2015(10)：15-22.

[20] 健康中国行动推进委员会. 健康中国行动(2019—2030 年)[EB/OL].(2019-07-09)[2022-02-01]. http://www. gov. cn/xinwen/2019-07/15/content_5409694. htm.

[21] 马瑞，宋珩. 基本运动技能发展对儿童身体活动与健康的影响[J]. 体育科学，2017，37(4)：54-61，97.

[22] GREG P，耿培新，梁国立. 人类动作发展概论[M]. 北京：人民教育出版社，2008.

[23] LOGAN S W，ROSS S M，CHEE K，et al. Fundamental motor skills：a systematic review of terminology[J]. Journal of sports sciences，2018，36(7)：781-796.

[24] 库克. 动作：功能动作训练体系[M]. 张英波，梁林，赵洪波，译. 北京：北京体育大学出版社，2011.

[25] WICKSTROM R L. Fundamental motor patterns [M]. 2nd ed. Philadelphia,PA:Lea & Febiger,1977.
[26] 王树明. 运动技能学习与控制[M]. 北京:高等教育出版社,2018.
[27] ULRICH D A. Test of Gross Motor Development-2 (TGMD-2) Examiner's manual[M]. Austin,TX:PRO-ED Inc. ,2000.
[28] GALLAHUE D L, OZMUN J C, GOODWAY J D. Understanding motor development:infants,children,adolescents,adults[M]. 7th ed. New York,NY:McGraw-Hill,2012.
[29] CLARK J E,METCALFE J S. The mountain of motor development:a metaphor[M]//CLARK J E,HUMPHREY J H. Motor development: reserch and reviews. Reston,VA:NASPE Publications,2002:163-190.
[30] GALLAHUE D L, CLELAND-DONNELLY F. Developmental physical education for all children[M]. 5th ed. Champaign,IL:Human Kinetics,2007.
[31] 詹姆斯・约翰森,詹姆斯・克里斯蒂,弗朗西斯・华德. 游戏、儿童发展与早期教育[M]. 马柯,译. 南京:南京师范大学出版社,2013.
[32] 邹海瑞. 台湾地区幼儿园运动游戏研究的经验及启示[J]. 体育文化导刊,2015(9):99-103.
[33] 孙科. 幼儿体育:认知・成长・生命:中外学者访谈录[J]. 体育与科学,2017,38(1):27-36.
[34] 刘建进,庄弼. 福禄培尔幼儿体育思想的渊源和内涵[J]. 体育学刊,2020,27(2):73-78.
[35] 姚雨莲. 中大班幼儿数字估计的发展与干预研究[D]. 上海:华东师范大学,2020.
[36] 鲍秀兰. 婴幼儿养育和早期干预实用手册(高危儿卷)[M]. 北京:中国妇女出版社,2015.
[37] 杨晓悦,许杨,张小玉,等. 基于行为改变理论的运动干预方案设计方法与系统实现[J]. 北京生物医学工程,2020,39(2):158-164.
[38] 洪秀敏. 儿童发展理论与应用[M]. 北京:北京师范大学出版社,2015.
[39] MICHEL G F,MOORE C L. Developmental psychobiology:an interdisciplinary science[M]. Cambridge:The MIT Press,1990.

[40] 蒙台梭利. 蒙台梭利儿童教育精华(专家审定版)[M]. 董莎莎，林检妹，编译. 北京：中华工商联合出版社，2014.

[41] GALLAHUE D L. Understanding motor development in children[M]. New York：McGraw Hill，1982.

[42] 刘展. 人体动作模式和运动链的理念在运动损伤防护和康复中的应用[J]. 成都体育学院学报，2016，42(6)：1-11.

[43] 张志强. 大连市 3～6 岁幼儿平衡能力分析[D]. 大连：辽宁师范大学，2011.

[44] 柳倩，周念丽，张晔. 学前儿童健康学习与发展核心经验[M]. 南京：南京师范大学出版社，2016.

[45] OLIVIER I，PALLUEL E，NOUGIER V. Effects of attentional focus on postural sway in children and adults [J]. Experimental brain research，2008，185(2)：341-345.

[46] GALLAHUE D L，OZMUN J C，GOODWAY J D. Understanding motor development：infants，children，adolescents，adults[M]. 7th ed. New York：McGraw-Hill，2012.

[47] PAYNE V G，ISAACS L D. Human motor development：a lifespan approach[M]. New York：McGraw-Hill，2012.

[48] 郑咏滟. 动态系统理论框架下的外语词汇长期发展[M]. 上海：复旦大学出版社，2015.

[49] NEWELL K M. Constraints on the development of coordination[M]//WADE M G. Motor development in children：aspects of coordination and control. Dordrecht：Springer Netherlands，1986：341-360.

[50] NEWELL K M，JORDAN K. Task constraints and movement organization：a common language[M]//WADE M G. Ecological task analysis and movement. Urbana-Champaign：Human Kinetics，2007：5-13.

[51] HAYWOOD K M，GETCHELL N. Life span motor development[M]. 4th ed. Urbana-Champaign：Human Kinetics，2004.

[52] LANGLEY D J. The influence of functional constraints on sport-skill learning in a senior adult[J]. Journal of aging and physical activity，

2001,9(3):269-284.

[53] HUTZLER Y. A systematic ecological model for adapting physical activities:theoretical foundations and practical examples[J]. Adapted physical activity quarterly,2007,24(4):287-304.

[54] 侯丽. 幼儿园与家庭合作关系的重构[J]. 学前教育研究,2020(10):89-92.

[55] 彭姝. 家园共育促进学前儿童社会性发展的研究[D]. 长沙:湖南师范大学,2014.

[56] 课思课程中心. 培训课程开发模型与工具大全[M]. 2 版. 北京:人民邮电出版社,2018.

[57] 范雪,罗冬梅,陈皆播,等. 3～6 岁幼儿跑步动作发展特征及教学策略分析[J]. 体育科学,2017,37(11):40-47.

[58] 文蕊香,姜桂萍,纪仲秋,等. 3～6 岁幼儿上手投掷动作发展特征研究[J]. 天津体育学院学报,2018,33(3):217-223,236.

[59] 张莹. 我国 3～6 岁幼儿基本动作发展特征研究:以北京市某一级幼儿园幼儿的投掷动作发展为例[J]. 中国体育科技,2013,49(4):92-102.

[60] 谭红艳. 幼儿园体育教学活动对 3-6 岁儿童基本动作技能发展的影响研究[D]. 济南:山东师范大学,2017.

[61] 戴雯,李雪佩,张剑,等. 学前儿童大肌肉动作发展特点与规律:基于身体移动与物体控制能力具体动作任务的分析[J]. 学前教育研究,2017(6):29-39.

[62] 宁科,沈信生,邵晓军. 学前儿童大肌肉动作发展水平年龄和性别特征研究[J]. 中国儿童保健杂志,2016,24(12):1322-1325.

[63] 刘莹莹. 山东省 3～6 岁幼儿大肌肉动作发展特征研究[J]. 山东体育科技,2018,40(3):57-61.

[64] MOORE J B, REEVE T G. Effects of task demands on throwing performance of children[J]. Perceptual and motor skills,1987,65(2):503-506.

[65] FOULKES J D,KNOWLES Z,FAIRCLOUGH S J,et al. Fundamental movement skills of preschool children in northwest England[J]. Perceptual and motor skills,2015,121(1):260-283.

[66] KOKŠTEJN J,MUSÁLEK M,TUFANO J J. Are sex differences in fundamental motor skills uniform throughout the entire preschool period? [J]. PLoS One,2017,12(4):e0176556.

[67] ROLLAND-CACHERA M F, DEHEEGER M, BELLISLE F, et al. Adiposity rebound in children:a simple indicator for predicting obesity [J]. The American journal of clinical nutrition,1984,39(1):129-135.

[68] DUNTON G, MCCONNELL R, JERRETT M, et al. Organized physical activity in young school children and subsequent 4-year change in body mass index[J]. Archives of pediatrics and adolescent medicine,2012,166(8):713-718.

[69] GRAF C,KOCH B,KRETSCHMANN-KANDEL E,et al. Correlation between BMI,leisure habits and motor abilities in childhood (CHILT-project) [J]. International journal of obesity and related metabolic disorders,2004,28(1):22-26.

[70] ROBERTS D,VENERI D,DECKER R,et al. Weight status and gross motor skill in kindergarten children[J]. Pediatric physical therapy, 2012,24(4):353-360.

[71] LOGAN S W, SCRABIS-FLETCHER K, MODLESKY C, et al. The relationship between motor skill proficiency and body mass index in preschool children[J]. Research quarterly for exercise and sport,2011, 82(3):442-448.

[72] MORANO M, COLELLA D, CAROLI M. Gross motor skill performance in a sample of overweight and non-overweight preschool children[J]. International journal of pediatric obesity,2011,6(增刊 2): 42-46.

[73] MUSALEK M, KOKSTEJN J, PAPEZ P, et al. Impact of normal weight obesity on fundamental motor skills in pre-school children aged 3 to 6 years[J]. Anthropologischer anzeiger,2017,74(3):203-212.

[74] 李静,刁玉翠,孙梦梦,等. 3～5 岁幼儿基本动作技能与体能的关系研究[J]. 中国体育科技,2019,55(6):52-58.

[75] 王欢,胡水清,李一辰,等. 学前儿童动作技能与身体素质水平的典型相

关分析[J].中国体育科技,2019,55(6):46-51.
[76] 张柳,李红娟,王欢,等.幼儿基本动作技能与身体素质的关联性[J].中国学校卫生,2020,41(4):554-557.
[77] 刘涛.粗大动作练习对学龄前儿童身体素质发展的实验研究[D].北京:北京体育大学,2017.
[78] VLAHOV E, BAGHURST T M, MWAVITA M. Preschool motor development predicting high school health-related physical fitness: a prospective study [J]. Perceptual and motor skills, 2014, 119 (1): 279-291.
[79] SIGMUNDSSON H, HAGA M. Motor competence is associated with physical fitness in four- to six-year-old preschool children [J]. European early childhood education research journal, 2016, 24(3): 477-488.
[80] LIMA R A, PFEIFFER K A, BUGGE A, et al. Motor competence and cardiorespiratory fitness have greater influence on body fatness than physical activity across time[J]. Scandinavian journal of medicine and science in sports, 2017, 27(12): 1638-1647.
[81] FRITH E, LOPRINZI P D. Association between motor skills and musculoskeletal physical fitness among preschoolers[J]. Maternal and child health journal, 2019, 23(8): 1003-1007.
[82] 赵星,赵斯龙,罗冬梅,等.幼儿园不同类型户外体育活动的强度水平及相关影响因素[J].体育科学,2016,36(8):34-41.
[83] 赵伟,张莹.体育游戏背景下音乐速度对4～5岁幼儿体力活动水平的影响[J].中国体育科技,2018,54(1):39-48.
[84] 桂春燕,王荣辉,刘鑫.儿童基本动作技能与体力活动关联性研究进展[J].体育学刊,2019,26(2):89-95.
[85] STODDEN D F, GOODWAY J D, LANGENDORFER S J, et al. A developmental perspective on the role of motor skill competence in physical activity: an emergent relationship[J]. Quest, 2008, 60(2): 290-306.
[86] CLIFF D P, OKELY A D, SMITH L M, et al. Relationships between

fundamental movement skills and objectively measured physical activity in preschool children[J]. Pediatric exercise science, 2009, 21(4):436-449.

[87] LOGAN S W, KIPLING W E, GETCHELL N, et al. Relationship between fundamental motor skill competence and physical activity during childhood and adolescence: a systematic review[J]. Kinesiology review, 2015, 4(4): 416-426.

[88] FOWEATHER L, KNOWLES Z, RIDGERS N D, et al. Fundamental movement skills in relation to weekday and weekend physical activity in preschool children[J]. Journal of science and medicine in sport, 2015, 18(6): 691-696.

[89] TEMPLE V A, CRANE J R, BROWN A, et al. Recreational activities and motor skills of children in kindergarten[J]. Physical education and sport pedagogy, 2016, 21(3): 268-280.

[90] KAIN J, LEYTON B, SOTO-SÁNCHEZ J, et al. In preschool children, physical activity during school time can significantly increase by intensifying locomotor activities during physical education classes [J]. BMC research notes, 2018, 11(1): 438.

[91] FIGUEROA R, AN R P. Motor skill competence and physical activity in preschoolers: a review[J]. Maternal and child health journal, 2017, 21(1): 136-146.

[92] VENETSANOU F, KAMBAS A. Environmental factors affecting preschoolers' motor development [J]. Early childhood education journal, 2010, 37(4): 319-327.

[93] SACCANI R, VALENTINI N C, PEREIRA K R, et al. Associations of biological factors and affordances in the home with infant motor development[J]. Pediatrics international, 2013, 55(2): 197-203.

[94] 黄愫芬.家庭环境因素对幼儿运动能力之影响[J].大专体育学刊，2010，12(3)：24-33.

[95] BELLOWS L L, DAVIES P L, COURTNEY J B, et al. Motor skill development in low-income, at-risk preschoolers: a community-based

longitudinal intervention study[J]. Journal of science and medicine in sport,2017,20(11):997-1002.

[96] 宋珩.家庭环境对4～6岁儿童动作技能发展的影响:以上师大附属幼儿园儿童为例[D].上海:上海师范大学,2018.

[97] 赵双迎.家庭因素对学龄前儿童粗大动作发展影响研究[J].福建体育科技,2020,39(1):10-12.

[98] BARNETT L, HINKLEY T, OKELY A D, et al. Child, family and environmental correlates of children's motor skill proficiency[J]. Journal of science and medicine in sport,2013,16(4):332-336.

[99] SILVA S D, FLÔRES F S, CORRÊA S L, et al. Mother's perception of children's motor development in southern Brazil[J]. Perceptual and motor skills,2017,124(1):72-85.

[100] AGARD R, COURTNEY J, MCCLOSKEY M, et al. Understanding parenting practices and values related to physical activity with preschoolers: a qualitative study to inform intervention design[J]. Journal of nutrition education and behavior,2018,50(7):S200.

[101] MORI S, NAKAMOTO H, MIZUOCHI H, et al. Influence of affordances in the home environment on motor development of young children in Japan[J]. Child development research, 2013, 2013(1): 898406.

[102] ZENG N, JOHNSON S L, BOLES R E, et al. Social-ecological correlates of fundamental movement skills in young children[J]. Journal of sport and health science,2019,8(2):122-129.

[103] YEUNG E H, SUNDARAM R, GHASSABIAN A, et al. Parental obesity and early childhood development[J]. Pediatrics,2017,139(2): e20161459.

[104] JARVIS S, WILLIAMS M, RAINER P, et al. The relationship of family characteristics, parental beliefs and parenting behaviours with the fundamental movement proficiency of primary school children in South East Wales[J]. European physical education review,2020,26(4):970-986.

[105] 张莹，鲍佳姬，陈谦. 父亲参与对3-6岁幼儿大肌肉动作发展影响的研究[J]. 浙江体育科学，2017，39(5)：76-81，89.
[106] CHOW B C，CHAN L. Gross motor skills of Hong Kong preschool children[J]. Asian journal of physical education and recreation，2011，17(1)：71-77.
[107] BRADLEY R H，CORWYN R F. Socioeconomic status and child development[J]. Annual review of psychology，2002，53：371-399.
[108] 王玮，沈中伟，王喆. 幼儿园户外环境特征元素对儿童认知游戏行为的承载[J]. 学前教育研究，2017(2)：42-52.
[109] 周嘉琳. 幼儿园户外活动环境对幼儿身体活动影响的研究[D]. 北京：北京体育大学，2018.
[110] HANNON J C，BROWN B B. Increasing preschoolers' physical activity intensities：an activity-friendly preschool playground intervention[J]. Preventive medicine，2008，46(6)：532-536.
[111] 王斐. 幼儿运动能力与幼儿园运动环境质量关系的研究[D]. 金华：浙江师范大学，2014.
[112] GROSS D M K，BUCHANAN D A M. Perspectives of physical education specialists who teach in large class settings[J]. Journal of physical education and sports management，2014，1(2)：67-90.
[113] 周兴生，周毅，刘亚举. 构建3～6岁儿童动作教育中核心动作经验内容体系的研究[J]. 广州体育学院学报，2016，36(3)：113-116.
[114] 杨清轩. 动作发展视域下学前儿童大肌肉动作发展的实验干预[J]. 西安体育学院学报，2017，34(3)：341-347.
[115] 刁玉翠. 3～10岁儿童基本运动技能发展与教育促进研究[D]. 上海：华东师范大学，2018.
[116] 黄永宽，张凤菊，王宗进. 幼儿运动游戏课介入对学龄前幼儿运动能力之影响[J]. 辅仁大学体育学刊，2016(15)：13-26.
[117] 汪晓赞，陶小娟，仲佳镕，等. KDL幼儿运动游戏课程的开发研究[J]. 北京体育大学学报，2020，43(5)：39-49.
[118] 李慧真. KDL幼儿运动游戏课程对5-6岁幼儿动商的影响[D]. 大连：辽宁师范大学，2020.

[119] 金国文,陈欣.幼儿健康体适能教育产业环境的SWOT分析[J].浙江体育科学,2014,36(6):78-81,95.

[120] 张泽亮.体适能课程对3-6岁幼儿运动能力影响的研究[D].北京:北京体育大学,2019.

[121] 刘奕辰.幼儿体适能训练效果的评价与分析:以西安市高新第一幼儿园为例[D].西安:西安体育学院,2019.

[122] 陈土育,李文超,吴康耀,等.游戏体适能课程对大班幼儿身体素质影响的研究分析[J].福建体育科技,2020,39(3):53-56.

[123] HOUSNER L D,茅菲璐. SPARK,与健康有关的体育课程[J].体育教学,2009,29(8):49.

[124] 梅小琴.基于美国SPARK课程理念下的幼儿园体育课程构建[J].素质教育论坛,2017(17):30-32.

[125] MOSTAFAVI R,ZIAEE V,AKBARI H,et al. The effects of SPARK physical education program on fundamental motor skills in 4-6 year-old children[J]. Iranian journal of pediatrics,2013,23(2):216-219.

[126] NAJAFABADI M G,SHEIKH M,HEMAYATTALAB R,et al. The effect of SPARK on social and motor skills of children with autism [J]. Pediatrics and neonatology,2018,59(5):481-487.

[127] Center for Applied Special Technology. Universal Design for Learning[EB/OL]. (2020-06-01)[2021-02-03]. http://www.cast.org/our-work/about-udl.html#.XSGDVNOFdI4.

[128] GOODWAY J,GETCHELL N,RAYNES D,et al. Active start: a statement of physical activity guidelines for children from birth to age 5[M]. Reston,VA: National Association for Sport and Physical Education,2009.

[129] KATHERINE A E,PADDY C F,MELISSA V S,et al. CHAMPPS: filling the preschool curriculum gap[J]. Palaestra,2018,32(4):29-36.

[130] ALTUNSÖZ I H,GOODWAY J D. SKIPing to motor competence: the influence of project successful kinesthetic instruction for preschoolers on motor competence of disadvantaged preschoolers[J].

Physical education and sport pedagogy,2016,21(4):366-385.

[131] BRIAN A, TAUNTON S. Effectiveness of motor skill intervention varies based on implementation strategy[J]. Physical education and sport pedagogy,2018,23(2):222-233.

[132] MULVEY K L, MIEDEMA S T, STRIBING A, et al. SKIPing together: a motor competence intervention promotes gender-integrated friendships for young children[J]. Sex roles,2020,82(9):550-557.

[133] BRANDON D, FAMELIA R, WEBSTER E K, et al. Summer success: SKIPing to motor competence for disadvantaged preschoolers[J]. Children,2025,12(5):578.

[134] ROACH L, KEATS M. Skill-based and planned active play versus free-play effects on fundamental movement skills in preschoolers[J]. Perceptual and motor skills,2018,125(4):651-668.

[135] AIVAZIDIS D, VENETSANOU F, AGGELOUSSIS N, et al. Enhancing motor competence and physical activity in kindergarten[J]. Journal of physical activity and health,2019,16(3):184-190.

[136] FOULKES J D, KNOWLES Z, FAIRCLOUGH S J, et al. Effect of a 6-week active play intervention on fundamental movement skill competence of preschool children[J]. Perceptual and motor skills,2017,124(2):393-412.

[137] 周喆啸. 3-6岁幼儿身体功能性动作体系的构建与实证研究[D]. 石家庄:河北师范大学,2017.

[138] WASENIUS N S, GRATTAN K P, HARVEY A L J, et al. The effect of a physical activity intervention on preschoolers' fundamental motor skills: a cluster RCT[J]. Journal of science and medicine in sport,2018,21(7):714-719.

[139] BARDID F, LENOIR M, HUYBEN F, et al. The effectiveness of a community-based fundamental motor skill intervention in children aged 3-8 years: results of the "multimove for kids" project[J]. Journal of science and medicine in sport,2017,20(2):184-189.

[140] ROTH K, KRIEMLER S, LEHMACHER W, et al. Effects of a physical activity intervention in preschool children[J]. Medicine and science in sports and exercise,2015,47(12):2542-2551.

[141] TSAPAKIDOU A,STEFANIDOU S,TSOMPANAKI E. Locomotor development of children aged 3. 5 to 5 years in nursery schools in Greece[J]. Review of European studies,2014,6(2):1-6.

[142] BONVIN A, BARRAL J, KAKEBEEKE T H, et al. Effect of a governmentally-led physical activity program on motor skills in young children attending child care centers:a cluster randomized controlled trial[J]. The international journal of behavioral nutrition and physical activity,2013,10:90.

[143] BELLOWS L L,DAVIES P L,ANDERSON J,et al. Effectiveness of a physical activity intervention for head start preschoolers:a randomized intervention study[J]. The American journal of occupational therapy,2013,67(1):28-36.

[144] YIN Z N,PARRA-MEDINA D,CORDOVA A,et al. Míranos! Look at us,we are healthy! An environmental approach to early childhood obesity prevention[J]. Childhood obesity,2012,8(5):429-439.

[145] HURMERIC I. The effects of two motor skill interventions on preschool children's object control skills and their perceived motor competence [D]. Columbus:The Ohio State University,2010.

[146] 国家体育总局. 国民体质测定标准手册(幼儿部分)[M]. 北京:人民体育出版社,2018.

[147] ULRICH D A. Test of Gross Motor Development: Examiner's Manual[M]. 3rd ed. Austin:PRO-ED Inc. ,2019.

[148] BURTON A W, RODGERSON R W. New perspectives on the assessment of movement skills and motor abilities [J]. Adapted physical activity quarterly,2001,18(4):347-365.

[149] 刁玉翠,董翠香,李静. 大肌肉动作发展测验上海市常模的建立[J]. 中国体育科技,2018,54(2):98-104.

[150] 胡虞志. 幼儿体格发育及基本动作发展的追踪研究[J]. 学校卫生,

1989,10(3):8-10.
[151] CRATTY B J. Perceptual and motor development in infants and children[M]. New York:The Macmillian Company,1970.
[152] GOODWAY J D,RUDISILLL M E,VALENTINI N C. The influence of instruction on the development of catching in young children[J]. Motor development,2002(2):96-119.
[153] 潘文娟. 3-6岁儿童大肌肉动作发展与认知发展的关系研究[D]. 济南:山东师范大学,2018:1-23.
[154] 陆俊杰,李芳芳. 学前儿童眼部不适与其家庭电子产品使用之间的关系及干预[J]. 学前教育研究,2016(3):50-56.
[155] 中华人民共和国教育部. 国家卫生计生委办公厅 教育部办公厅 国家体育总局办公厅关于加强儿童青少年近视防控工作的指导意见. [EB/OL]. (2016-10-19)[2023-09-08]. http://www.moe.gov.cn/jyb_xxgk/moe_1777/moe_1779/201612/t20161221_292630.html.
[156] 刘慧然,王晓飞,陆大江. 2017年上海市3～6岁幼儿体质水平及超重肥胖的调查研究[J]. 中国妇幼保健,2019,34(14):3296-3299.
[157] 马宇飞,张莹. 上海市3～6岁学龄前幼儿体质研究[J]. 中国妇幼保健,2014,29(26):4283-4286.
[158] 叶佳明,岳慧兰. 基于国民体质监测数据的幼儿体质区域性研究[J]. 教育观察,2020,9(12):55-58.
[159] 李亚梦,孙李,姜稳,等. 3～5岁幼儿大肌肉动作发展与体适能水平的相关性[J]. 中国学校卫生,2019,40(8):1194-1199.
[160] VANDORPE B, VANDENDRIESSCHE J, VAEYENS R, et al. Relationship between sports participation and the level of motor coordination in childhood: a longitudinal approach[J]. Journal of science and medicine in sport,2012,15(3):220-225.
[161] 李萍,童理刚,陈文佳. 基本功能动作、核心稳定性与体育院校本科生身体素质表现的关系研究[J]. 山东体育学院学报,2018,34(4):93-98.
[162] 中国国民体质监测系统课题组,国家体育总局科教司. 中国国民体质监测系统的研究[M]. 北京:北京体育大学出版社,2000.

[163] LLOYD M, SAUNDERS T J, BREMER E, et al. Long-term importance of fundamental motor skills: a 20-year follow-up study [J]. Adapted physical activity quarterly, 2014, 31(1): 67-78.

[164] WESTENDORP M, HOUWEN S, HARTMAN E, et al. Effect of a ball skill intervention on children's ball skills and cognitive functions [J]. Medicine and science in sports and exercise, 2014, 46(2): 414-422.

[165] 周喆啸.不同动作水平视角下幼儿身体素质与 BMI 的特征研究[J].中国体育科技,2020,56(10):62-68.

[166] 花静.儿童发育性运动协调障碍动力系统影响因素模式研究[D].上海:复旦大学,2011.

[167] DAVIS L L. Instrument review: getting the most from a panel of experts[J]. Applied nursing research, 1992, 5(4): 194-197.

[168] 段丽琼,梁孟姣,MILUE RAKOVÁ,等.中捷父母在家庭体育活动中培养幼儿体育素养的角色对比与反思[J].乐山师范学院学报,2019,34(1):113-118.

[169] SCHARHAG J, HERRMANN M, URHAUSEN A, et al. Independent elevations of N-terminal pro-brain natriuretic peptide and cardiac troponins in endurance athletes after prolonged strenuous exercise[J]. American heart journal, 2005, 150(6): 1128-1134.

[170] 金净,刘盈,赵昕.儿童感觉统合失调的干预及预后分析[J].中国医科大学学报,2005,34(6):539.

[171] 胡云华.幼儿爬行能健脑[J].医药世界,2000(1):32.

[172] HNATIUK J, BARNETT L, SALMON J, et al. Can child and family behaviours in the first year of life predict fundamental movement skill development at 5 years old? [J]. Journal of science and medicine in sport, 2018, 21: S14.

[173] 王凯珍,周志雄,任弘,等.影响 3～6 岁幼儿家庭体育活动行为和活动量的因素及路径分析[J].西安体育学院学报,2011,28(3):257-263.

[174] 彭庆文,陶成武,刘圣颉,等.幼儿家庭体育活动对 4～6 岁幼儿身体素质的影响效应[J].青少年体育,2020(5):137-140.

[175] 国家体育总局.全民健身指南[M].北京:北京体育大学出版社,2018.
[176] 赵胜国,金涛.中小城市不同规模家庭体育消费的特征[J].上海体育学院学报,2014,38(6):43-47.
[177] 家长需求催热幼儿体育行业[EB/OL].(2020-12-01)[2021-02-22].http://edu.people.com.cn/n1/2020/1201/c1053-31951392.html.
[178] 王登峰.幼儿体育的正确打开方式是“游戏”[EB/OL].(2020-09-21)[2021-02-22].http://edu.people.com.cn/n1/2020/0921/c1053-31869 002.html.
[179] 杨杰,周文龙,吴华,等.新时代幼儿体育教师队伍建设的价值意蕴、现实问题与实践路径[J].教育观察,2024,13(21):23-26,30.
[180] 梁红梅,韩永晨,李金龙.学前教育专业学生体育教学知识与能力现状及其培养研究[J].教育理论与实践,2015,35(19):44-47.
[181] 俞莉.在早期STEM教育中促进幼儿主动学习[J].学前教育研究,2019(1):85-88.
[182] 高闰青.高师院校学前教育专业课程设置改革研究:基于《幼儿园教师专业标准》[J].课程·教材·教法,2013,33(7):122-127.
[183] 王小英,朱慧慧.基于儿童视角下的师幼互动中幼儿施动行为及其影响因素研究[J].四川师范大学学报(社会科学版),2017,44(6):114-121.
[184] 张学.“最近发展区”理论及其对我国幼儿体育教学的启示[J].体育文化导刊,2017(3):161-164.
[185] 吴升扣,张首文,邢新菊.动作发展视角下幼儿体育与健康领域学习目标的国际比较研究[J].成都体育学院学报,2014,40(5):75-80.
[186] 中国青年报.上海幼童睡眠时间逐年减少 如何为孩子多争取时间?[EB/OL](2018-06-21)[2020-10-10].http://edu.cnr.cn/list/20180621/t20180621_524277068.shtml.
[187] 中国青年报.儿童青少年超重肥胖问题不断凸显[EB/OL].(2020-12-24)[2021-03-15].http://edu.china.com.cn/2020-12/24/content_77045375.htm.
[188] 王晓丽.学前儿童发展[M].上海:复旦大学出版社,2014:107-242.
[189] 黄人颂.学前教育学参考资料(下册)[M].北京:人民教育出版

社,1991.

[190] 郑权,张立昌.虚拟情境:儿童观察学习的时代场域[J].中国教育学刊,2019(4):11-15.

[191] 季浏,钟秉枢.普通高中体育与健康课程标准(2017年版)解读[M].北京:高等教育出版社,2018:76-80.

[192] 赵富学,程传银,尚力沛.体育学科核心素养研究的问题及其破解之道[J].体育学刊,2019,26(6):88-93.

[193] 拉尔夫·泰勒.课程与教学的基本原理:英汉对照版[M].罗康,张阅,译.北京:中国轻工业出版社,2014:3-44.

[194] 刘辉.基于课程标准的教学目标体系:研制规格、路径与过程[J].上海教育科研,2021(1):5-9.

[195] 中华人民共和国教育部.3～6岁儿童学习与发展指南[M].北京:首都师范大学出版社,2012:7-9.

[196] GRAHAM G, SHIRLEY A H, MELISSA P. Children moving: a reflective approach to teaching physical education [M]. 9th ed. Boston, MA: McGraw-Hill, 2012.

[197] 邵瑞珍.教育心理学:修订本[M].上海:上海教育出版社,1997.

[198] 崔允漷.有效教学[M].上海:华东师范大学出版社,2015.

[199] HOWES C, BURCHINAL M, PIANTA R, et al. Ready to learn? Children's pre-academic achievement in pre-kindergarten programs [J]. Early childhood research quarterly, 2008, 23(1): 27-50.

[200] 闫昊远.南京市区3～6岁幼儿体质差异研究[D].南京:南京师范大学,2020.

[201] 吕群.短式网球游戏对5-6岁幼儿粗大动作发展影响的实验研究[D].聊城:聊城大学,2023.

[202] 王忠勇,丁涛,于鲁滨.对山东省3～6岁幼儿体能指标的现状、特点及变化规律的研究[J].山东体育学院学报,2005,21(5):70-71.

[203] 弗罗斯特,沃瑟姆,赖费尔.游戏和儿童发展[M].唐晓娟,张胤,译.南京:江苏教育出版社,2011.

附　件

附件1　TGMD-3测评记录表

第一部分：个人信息

受试者姓名：__________　学号：__________　学校：__________

性别：女□　男□

出生日期：______年____月　年龄：____　民族：____　身高：____厘米

体重：____千克　视力：近视□　正常□

受试者居住地：城市□　乡镇□　惯用手：右手□　左手□　未区别□

惯用脚：右脚□　左脚□　未区别□

父亲教育程度：初中及以下□　高中□　专科□　本科及以上□

母亲教育程度：初中及以下□　高中□　专科□　本科及以上□

第二部分：评分说明

· 测评前，教师须向学生示范所有技能；学生先练习一次，再测评两次，教师计分。

· 动作评分标准：

1分＝动作符合标准；0分＝动作不符合标准。

· 如果教师无法给某个动作记分，可再测一次，根据评分标准记分。

· 如果学生身体有缺陷、年龄太小、注意力不集中，建议学生站在垫子或其他标志物上观看动作示范。测评移动性动作技能也可使用垫子或其他标志物。

第三部分:测评记录表

移动类动作技能测评

技能	器械	动作标准	测评 1	测评 2	得分
跑步	跑步场地 18.5 米;2 个标志筒或其他标志物	1. 自然屈臂,手臂摆动方向与腿的动作方向相反			
		2. 双脚短时间内同时离地			
		3. 前脚掌或者后脚跟先着地(不是整个脚掌)			
		4. 摆动腿弯曲近 90 度,脚跟尽力靠近臀部			
			技能得分		
马步跑	场地 7.6 米;2 个标志筒或其他标志物	1. 自然屈臂,朝前摆动			
		2. 前脚向前迈出一步,后脚紧随着向前迈一步至前脚脚边或脚后(不能在前脚脚前)			
		3. 双脚短时间内同时离地			
		4. 连续有节奏地马步跑 4 次			
			技能得分		
单脚跳	场地至少 5 米;2 个标志筒或其他标志物	1. 摆动腿用力向前摆动			
		2. 摆动腿始终在起跳腿之后			
		3. 双臂弯曲朝前摆动,产生带动力			
		4. 单脚连续跳 4 次			
			技能得分		
跑跳步	场地至少 9 米;2 个标志筒或其他标志物	1. 一脚先垫步、跳,紧接着另一脚垫步、跳,双脚交替			
		2. 自然屈臂,手臂摆动方向与腿的动作方向相反			
		3. 连续交替垫步跑 4 次			
			技能得分		
立定跳远	场地至少 3 米;胶带或其他标志物	1. 屈膝,双臂后摆			
		2. 屈臂,用力往前上方摆动,不低于下巴			
		3. 两脚同时离地、同时落地			
		4. 落地时两臂自然下摆			
			技能得分		

（续表）

技能	器械	动作标准	测评1	测评2	得分
侧滑步	场地至少7.5米；划1条直线；2个标志筒或其他标志物	1. 侧身，双肩与标志线平行			
		2. 惯用脚滑步，非惯用脚迅速跟进，双脚瞬间同时离地			
		3. 向左连续滑行4次			
		4. 向右连续滑行4次			
			技能得分		
			移动动作技能测评总分：		

球类动作技能测评

技能	器械	动作标准	测评1	测评2	得分
双手击固定球	1个10厘米的左右塑料球，塑料棒，击球座或其他固定球的器械	1. 惯用手在非惯用手上方，抓住球棒			
		2. 正面朝向击球座			
		3. 击球时转体，朝向击球方向			
		4. 非惯用脚向前跨一步			
		5. 前挥击到球			
			技能得分		
正手击抛落球	1颗网球，轻塑料拍，一面墙	1. 球落地反弹，向后引拍			
		2. 非惯用脚向前跨一步			
		3. 朝墙面击球			
		4. 挥拍过肩（异侧肩膀）			
			技能得分		
原地单手拍球	1个适用于3～5岁幼儿的20～25厘米操场球，1个适用于6～10岁儿童的篮球，1块平地	1. 单手于腰部触球			
		2. 五指触球（手掌不要拍球）			
		3. 原地不动，连续拍球4次			
			技能得分		
双手接球	1个10厘米的塑料球，5米空地，2个标志筒或其他标志物	1. 双臂曲臂于胸前，五指自然张开			
		2. 伸臂迎球			
		3. 双手接住球			
			技能得分		

（续表）

技能	器械	动作标准	测评 1	测评 2	得分
踢固定球	1 个 20～25 厘米塑料球，操场球或足球，胶带或其他标志物，1 面墙，1 块空地	1. 快速、不间断地跑向球			
		2. 踢球前提腿跨步			
		3. 支撑脚站在球后侧方			
		4. 脚内侧或脚背踢球			
			技能得分		
上手投球	1 颗网球，1 面墙，6 米场地	1. 手臂后摆，准备投球			
		2. 后摆时转体，非投球一侧朝墙			
		3. 非惯用脚向前跨一步			
		4. 投球后，投球手放至异侧			
			技能得分		
低手抛球	1 颗网球，胶带，1 面墙，4.5 米场地	1. 惯用手后摆			
		2. 异侧腿向前跨一步			
		3. 朝墙抛球，触墙前球不能触地			
		4. 抛球后手臂跟随至体前（胸部位置）			
			技能得分		
			球类动作技能测评总分：		
			基本动作技能发展测评总分：		

附件 2 TGMD-3 可视化测评方案

测评对象：3～6 岁幼儿。

测评内容：跑步、马步跑、单脚跳、跑跳步、立定跳远、侧滑步、双手击固定球、正手击抛落球、原地拍球、踢球、双手接球、上手投球、低手抛球。

测评设备与器材：

1. 硬件设备：摄像头、三脚架、U 盾、视频连接线、电脑、鼠标、移动硬盘。

2. 软件设备：TGMD-3 可视化测评系统、TGMD-3 示范动作视频。

3. 测评器材：10 米地贴、棒球棒、塑料击球拍、放置固定球的底座、软球、篮球、足球。

测评人员：两名工作人员。其中一人的职责为操作测评系统和播放视频，另外一人的职责为组织幼儿进行测评。

测评人员培训：

1. 由研究者介绍测评目的和测评内容。

2. 说明测评场地的布置方法和测评器材的使用方法。

3. 掌握测评系统的使用方法，及对突发情况的处理和保存视频等的方法。

4. 提醒测评人员测评过程中的话语使用原则，避免引起幼儿的反感心理。

5. 强调测评人员需要具备细心、认真的态度，避免测评时出现录制视频过程无效的情况。

测评注意事项：

1. 测评前需与幼儿园教师沟通，提前将幼儿的基本信息录入测评系统。

2. 测评时可以将3～5人分为一组参与测评，小组幼儿可以为3人一组，避免测评时间过长带来的逆反心理。

3. 提醒幼儿认真观看视频，并模仿视频中所看到的动作，幼儿教师不得提醒幼儿测评动作的重点。

4. 测评过程中无任何动作的纠正，如果轮到第3位测评幼儿忘记视频动作时，可回放视频1次。

5. 保证测评场地光线充足，场地范围较大，满足测评需求，场地中无其他与测评无关的物品。

6. 提醒幼儿不许随处跑动，避免不小心进入视频中而造成录制的视频无效。

附件3　幼儿身体素质测评方案

测评对象：3～6岁幼儿。

测评内容：十米往返跑、双脚连续跳、立定跳远、网球掷远、坐位体前屈、走平衡木。

测评器材：平衡木、坐位体前屈仪器、网球、体测方包、双脚连续跳软垫、立定跳远软垫、卷尺、记录表、笔、秒表、即时贴。

测评人员：2～3名工作人员，每人负责3个或者两个测评项目，计时或者判断远度，并完成记录表的填写。

测评人员培训：

1. 由研究者介绍测评目的和测评内容并进行测评展示。

2. 说明测评场地的布置方法和测评器材的使用方法。

3. 掌握判断成绩的原则和记录表的使用方法。

4. 提醒测评人员测评过程中的话语使用原则，避免引起幼儿的反感心理。

测评注意事项：

1. 测评之前，由研究者向幼儿园教师介绍测评的内容和具体过程，便于幼儿教师引导幼儿在规定的要求内发挥个人最好水平。

2. 测评时，由幼儿园教师负责组织和维持测评秩序，便于测评效率最优化。

3. 测评过程中，测评人员鼓励小朋友努力完成测评任务，并及时提醒小朋友注意安全，不要随便跑动。

4. 测评时测评人员和幼儿教师可以提供基本的安全保护。

记录表：

幼儿体质测评成绩记录表									
幼儿园名称				测评时间			测评人员		
受测者姓名	班级	学号	性别	走平衡木（秒）	双脚连续跳（秒）	坐位体前屈（厘米）	立定跳远（厘米）	网球掷远（米）	十米往返跑（秒）

附件4　幼儿基本动作技能发展影响因素的调查问卷(家长版)

尊敬的家长：

您好！非常感谢您参与本研究的调查！为更好地了解您孩子的大肌肉动作发展情况，深入探索基本动作技能(主要包括跑、跳、钻、爬等移动性动作技能和投、踢、拍、击打等操控性动作技能)发展的关键影响因素，寻求提高健康水平的有效途径，特拟制了这份家长问卷。以下列出了家庭中与孩子运动相关的问题，请您仔细阅读，并根据客观情况如实填写。本研究所获得的信息仅作研究所用，在分析过程中将隐去您的个人信息，严格保护个人隐私。再次感谢您的大力支持与配合！

华东师范大学体育与健康学院

2021年1月

负责人邮箱：tiansdu@sina.com

1. 您孩子所在幼儿园的名称(全称)：______________________

2. 您孩子的姓名(全名)：____________

3. 您与孩子的关系：____________

4. 您孩子的性别

A. 男　B. 女

5. 您孩子的所在班级

A. 托班　B. 小班　C. 中班　D. 大班

6. 您孩子会走之前是否经历了爬行阶段

A. 是，孩子是从____个月的时候开始爬行；大概持续了____个月

B. 否　　C. 记不清

7. 您孩子小时候是否使用过学步车

A. 是，孩子是从____个月的时候开始用学步车；大概用了____个月

B. 否　　C. 记不清

8. 您家里共有__________个孩子

9. 您孩子的主要看护者

A. 妈妈　B. 爸爸　C. 祖父母　D. 保姆　E. 其他

10. 您孩子母亲的职业

A. 企事业单位领导　B. 私营企业主

C. 专业技术人员(如:教师、医生等)　D. 企事业单位职员

E. 个体工商户　F. 工人　G. 待业　H. 其他

11. 您孩子父亲的职业

A. 企事业单位领导　B. 私营企业主

C. 专业技术人员(如:教师、医生等)　D. 企事业单位职员

E. 个体工商户　F. 工人　G. 待业　H. 其他

12. 您家庭附近有可供孩子进行体育运动的游乐设施(天然和人工安置的均可)

A. 很多　B. 较多　C. 一般　D. 较少　E. 很少

13. 您家里可供孩子进行体育运动的空间(专门的和公共的均可)

A. 很多　B. 较多　C. 一般　D. 较少　E. 很少

14. 您家里供孩子进行体育运动的地方有安全防护的措施

A. 很多　B. 较多　C. 一般　D. 较少　E. 很少

15. 您家里有多功能垫、呼啦圈、跳绳、各种颜色和尺寸的球、球拍(棒)等让孩子进行体育运动的玩具

A. 很多　B. 较多　C. 一般　D. 较少　E. 很少

16. 您了解什么是基本动作技能吗?

A. 很了解　B. 比较了解　C. 一般　D. 不太了解　E. 很不了解

17. 您认为发展基本动作技能对孩子的全面健康成长是否重要

A. 很重要　B. 比较重要　C. 一般　D. 不太重要　E. 很不重要

18. 您平时是否关注孩子的基本动作技能发展情况

A. 总是　B. 经常　C. 一般　D. 偶尔　E. 从不

19. 您认为您的孩子基本动作技能发展水平较同龄人而言

A. 很高　B. 较高　C. 一般　D. 较低　E. 很低

20. 请您根据对孩子基本动作技能发展的影响程度(由大到小)进行排序:____、____、____、____、____、____

A. 妈妈　B. 爸爸　C. 兄弟姐妹　D. 同学/朋友　E. 幼儿老师

21. 您是否喜欢参与体育运动

A. 很喜欢　B. 比较喜欢　C. 一般　D. 不太喜欢　E. 很不喜欢

22. 您较为熟练地掌握体育运动项目的数量

A. 3项及以上　B. 2项　C. 1项　D. 无

23. 您一周进行体育运动的累计时间大约

A. 7小时以上　B. 4~7小时　C. 2~4小时　D. 2小时以下

24. 您一般进行体育运动的场所在

A. 家里　B. 小区附近　C. 户外公园或广场　D. 收费型体育场馆

E. 免费对外开放的体育场馆　F. ＿＿＿＿＿＿(选填)

25. 您在体育运动方面的投入占家庭可支配总投入

A. 10%以上　B. 8%~10%　C. 5%~7%　D. 2%~4%

E. 2%以下

26. 您是否支持孩子参与和基本动作技能发展有关的体育活动

A. 很支持　B. 比较支持　C. 一般　D. 不太支持　E. 很不支持

27. 您一周陪孩子共同进行各种体育运动的时间大约

A. 7小时以上　B. 4~7小时　C. 2~4小时　D. 2小时以下

28. 您平时陪孩子一起参与体育活动的类型按照频次(由大到小)进行排序:＿＿、＿＿、＿＿、＿＿、＿＿

A. 追逐类运动　B. 投掷类运动　C. 对抗类运动

D. 球类运动　E. 其他

29. 您是否会鼓励和帮助孩子克服在体育运动中学习新的动作技能时遇到的困难

A. 总是　B. 经常　C. 一般　D. 偶尔　E. 从不

30. 您给孩子报名的园外体育类兴趣班数量

A. 3个及以上　B. 2个　C. 1个　D. 无

31. 您觉得为更好地促进孩子基本动作技能发展,家长需要在哪些方面改进(多选)

A. 补充体育知识,做好运动榜样

B. 转变理念,坚持科学养育

C. 增加亲子体育运动时间

D. 提供与体育运动相关的资金支持

E. 加强与幼儿教师关于孩子运动情况的沟通

F. 减少生活中对幼儿的过度保护

G. 其他__________（选填）

附件 5　幼儿基本动作技能发展影响因素的调查问卷(教师版)

尊敬的老师：

您好！非常感谢您参与本研究的调查！为更好地了解您园里孩子的大肌肉动作发展情况，深入探索幼儿基本动作技能（主要包括跑、跳、钻、爬等移动性动作技能和投、踢、拍、击打等操控性动作技能）发展的关键影响因素，寻求改善幼儿健康水平的有效途径，以便未来提供更优质的健康指导，特拟制了这份教师问卷。以下列出了与幼儿园及幼儿教师相关的问题，请您仔细阅读，并根据客观情况如实填写。本研究所获得的信息仅作研究所用，在分析过程中将隐去您的个人信息，严格保护个人隐私。再次感谢您的大力支持与配合！

华东师范大学体育与健康学院

2021 年 1 月

负责人邮箱：tiansdu@sina.com

1. 您的单位名称（全称）____________________

2. 您目前所带的班级名称__________（如大一班）

3. 您的性别

A. 男　B. 女

4. 您毕业的院校（全称）________________；

专业（全称）____________________

5. 您的学历

A. 中专　B. 大专　C. 本科　D. 研究生及以上

6. 您主要擅长

A. 音乐　B. 体育　C. 美术　D. 舞蹈　E. 其他____（选填）

7. 您的职称等级

A. 幼儿园高级教师　B. 幼儿园一级教师

C. 幼儿园二级教师　D. 无

8. 您所在幼儿园用于开展幼儿体育运动的器材

A. 很多　B. 较多　C. 一般　D. 较少　E. 很少

9. 您所在幼儿园幼儿体育运动场地的人均面积约为

A. 3 m^2 以上　B. 2～3 m^2　C. 1～2 m^2　D. 1 m^2以下　E. 不清楚

10. 您所在幼儿园的室外运动空间规划是否满足同时开展多样化幼儿体育运动

A. 很满足　B. 比较满足　C. 一般　D. 不太满足　E. 很不满足

11. 您所在幼儿园的室内运动空间是否能够满足幼儿体育运动的需求

A. 很满足　B. 比较满足　C. 一般　D. 不太满足　E. 很不满足

12. 您是否知道幼儿动作发展敏感期

A. 知道　B. 不知道

13. 您是否了解幼儿基本动作技能的相关知识

A. 很了解　B. 比较了解　C. 一般　D. 不太了解　E. 很不了解

14. 请您根据重要程度(由最重要到不重要)对幼儿应该发展的体育运动内容进行排序：____、____、____

A. 体能(如力量、速度、耐力等)

B. 动作技能(如跑、跳、投、踢等)

C. 专项技能(如足球、篮球、轮滑等)

15. 您认为发展基本动作技能对幼儿成长的主要作用(多选)

A. 改善运动能力　B. 提高身体活动水平

C. 促进认知发展　D. 塑造良好的意志品质

E. 增强社会适应能力　F. 培养健康的行为习惯

G. 其他__________(选填)

16. 您认为发展幼儿基本动作技能是否需要教师专业的指导

A. 很需要　B. 比较需要　C. 一般　D. 不太需要　E. 很不需要

17. 您平时组织幼儿开展的体育运动内容频次由高到低进行排序：____、____、____、____、____、____

A. 体操、律动类　B. 跑、跳类

C. 攀、爬、滚动类　　D. 平衡、悬垂类

E. 拍、踢、击球类　　F. 篮球、足球等专项类

G. 其他

18. 您平时每天组织幼儿参与发展基本动作技能的体育运动时间累计

A. 2 小时以上　B. 1～2 小时　C. 0.5～1 小时　D. 30 分钟以下

19. 您平时组织幼儿体育运动的主要形式(多选)

A. 幼儿早操活动　　B. 户外自由活动

C. 室内体育运动　　D. 幼儿体育教学

E. 散步　　F. 幼儿运动会

G. 其他__________(选填)

20. 您是否定期更换幼儿学练的体育运动内容

A. 5 次/周　B. 4 次/周　C. 2～3 次/周　D. 1 次/周　E. 无

21. 幼儿平时参与体育运动的强度(大强度是指呼吸较平常明显增强；小强度是指呼吸较平常稍微增强)

A. 很大　B. 较大　C. 一般　D. 较小　E. 很小

22. 您是否将与幼儿基本动作技能发展相关的体育运动内容和知识渗透到其他领域的学习中

A. 总是　B. 经常　C. 偶尔　D. 很少　E. 从不

23. 您是否参与到幼儿的体育运动中

A. 总是　B. 经常　C. 偶尔　D. 很少　E. 从不

24. 您是否注重在体育运动中营造快乐积极的氛围

A. 总是　B. 经常　C. 偶尔　D. 很少　E. 从不

25. 您是否鼓励和启发幼儿学练基本动作技能，发挥运动潜能

A. 总是　B. 经常　C. 偶尔　D. 很少　E. 从不

26. 您是否观察并和幼儿分享他们的体育运动经验和相关情绪

A. 总是　B. 经常　C. 偶尔　D. 很少　E. 从不

27. 您是否分析与总结幼儿的体育运动情况，做好下一步基本动作技能发展计划

A. 总是　B. 经常　C. 偶尔　D. 很少　E. 从不

28. 您是否向家长反馈幼儿在园内的身体活动表现

A. 总是　B. 经常　C. 偶尔　D. 很少　E. 从不

29. 您是否与家长分享居家亲子体育运动内容和方法

A. 总是　B. 经常　C. 偶尔　D. 很少　E. 从不

30. 您是否邀请家长们观摩或参与幼儿园组织的体育类活动或讲座

A. 总是　B. 经常　C. 偶尔　D. 很少　E. 从不

31. 您认为家园互动需要在哪些方面改进，才能更好地发展幼儿基本动作技能(多选)

A. 家长支持与积极配合家园互动活动

B. 丰富幼儿教师与家长沟通互动的内容

C. 为幼儿家长树立健康育儿理念

D. 家长与幼儿教师共同为幼儿营造良好的体育运动氛围

E. 幼儿教师对家长关于幼儿活动情况的反馈与建议

F. 家长与幼儿教师共同制订幼儿动作发展计划

G. 其他__________(选填)

附件6　幼儿运动游戏干预方案开发的访谈提纲

1. 请您谈一谈当前幼儿园体育运动主要存在的问题？尤其是体育教学方面。

2. 您认为是否有必要开发幼儿运动游戏干预的目标体系？目标体系中重要的指标有哪些？

3. 您认为运动游戏干预的内容可以从哪些方面进行选择和考虑？

4. 您认为实施运动游戏干预方案的关键是什么？

5. 您认为可以通过哪些形式评价幼儿的运动游戏学习效果？评价的重点是什么？

6. 您认为幼儿教师在进行运动游戏教学干预时可能会存在哪些困难？如何确保运动游戏干预方案得到落实？

附件 7　小班运动游戏干预的主要内容

周次	运动游戏名称	运动游戏主要内容
1	动物园之行	小朋友在规定场地空间内的直线走、跑练习，变化不同的重心、速度完成一定组数；根据数字标识，沿着一定的数字顺序完成各种曲线走与跑；根据动物标识，寻找目标动物，也可模仿相应动物的动作，完成一定组数
2	“蚂蚁”快跑	小朋友跟随音乐练习 3 种爬行，提醒注意安全空间；练习有固定路线的手、膝着地的蚂蚁爬行；根据提示，变化不同速度、方向的蚂蚁爬行；爬行时，用上半身带动小球前进，并将小球运送到固定位置，爬行返回，继续运送
3	推球大战	每位小朋友 1 个小篮球，距离墙壁 3 米、5 米远，用力趴着将球推向墙壁，并抱住反弹回来的球；两位小朋友一组，每组 1 个小篮球，分别用坐着、趴着的姿势，间隔 5 米，一位将球用力推给对方，另一位双手抱住，来回进行，完成一定次数；小朋友分成两组，依次将小篮球绕过场地上的标志桶到达终点，并直线推球返回
4	射门得分	每位小朋友 1 个小足球，距离墙壁 3 米、5 米远，用脚的不同部位，如脚尖、脚内侧、脚外侧、脚背等用力踢球，并学会停反弹回来的球；两位小朋友一组，每组 1 个小足球，面对面距离 5 米左右，分别用左、右脚内侧做踢、接球练习；将小朋友分为 5 人一组，距离球门 5 米左右，分别用左、右脚内侧做踢球进门练习；组织射门比赛
5	小兔乖乖	小朋友在自己的安全空间内双脚连续原地纵跳，练习若干次；每位小朋友两个呼啦圈，间隔 1 米左右，从第一个圈跳第二个圈，然后转向跳回；4 位小朋友为一组，把 8 个呼啦圈纵向间隔 1 米摆放，每组小朋友开始运送蔬菜（卡片），双脚跳过每个呼啦圈，将蔬菜送到小木桶里，跑步返回；每组在场地内根据要求双脚跳运送指定的蔬菜到小木桶中，看哪组运送得最多
6	柔软“小妖怪”	每位小朋友 1 个小足球，两腿并拢伸直，把球分别放在大腿、小腿、两脚之间处，分别用额头、下巴、腹部去碰球；两位小朋友一组，每组 1 个小足球，小朋友并腿面对面坐，双脚脚掌靠拢，一位小朋友双手持球，沿双腿向前推球，腿部不能弯曲，另一位小朋友屈体双手接球，交换角色；8 位小朋友一组并报数，老师慢慢地从 1 数到 8，听到对应数字后，小朋友双手抓住脚尖，把自己的身体降到最低，老师再慢慢从 1 数到 8，听到对应数字后，小朋友松开双手依次并腿坐
7	平衡大师	小朋友分组完成在低平衡木上的行走；在平衡木上放置若干标志盘，跨过并通过平衡木；小朋友手持“宝物”（沙包）走过平衡木，并将“宝物”运送到指定位置；两位小朋友面对面走过平衡木；分组通过平衡石、轮胎、标志桶等组成的路障，并将“宝物”运达
8	超级模仿秀	小朋友在自己的安全空间内模仿老师的动作，如后踢跑、马步跑、跑跳步、侧滑步、提踵站等；两位小朋友一组，轮流模仿小动物，如猴子、大象、狮子等，一位跟着另一位模仿一样的动作；两位小朋友一组，轮流做对方的“影子”，在移动的过程中模仿对方的动作

（续表）

周次	运动游戏名称	运动游戏主要内容
9	翻滚的“筷子”	3位小朋友合作同时“搬运”一位平躺着的小朋友，从垫子的一头“搬运”到另一头，交互角色，保证每组每位小朋友都被“搬运”；每组小朋友轮流在自己组的垫子上练习一定组数的直体侧滚翻；两位一组，合作完成若干组的有一定距离的直体侧滚翻
10	快乐“小跳蛙”	原地练习一定组数的“青蛙”跳；两位小朋友一组，其中一名手举“害虫”（海洋球），另一名小朋友向上跳捉“害虫”，用手拍打即可；两位小朋友交换角色进行一定组数的练习；用小积木垫做“荷叶”，小跳蛙带着捉到的“害虫”跳到“荷叶”上，将“害虫”运到固定位置
11	“小鳄鱼”钻山洞	小朋友在自己的安全空间内依据教师的示范，学习鳄鱼爬的本领；小朋友自由进行鳄鱼爬动作；将小朋友分为两组，一组小朋友面对面俯身弯腰，另外一组小朋友根据俯身高度完成不同速度的高重心“蚂蚁爬”、低重心“鳄鱼爬”，交换进行；在爬行的路上设置不同的路障，完成一定组数的爬行
12	赶鸭子大作战	小篮球为“鸭子”，呼啦圈为“鞭子”，小朋友单手拿1个“鞭子”击打“鸭子”，让其沿着圆圈的线滚动，全体顺时针右手、逆时针左手走若干次；小朋友单手拿“鞭子”击打“鸭子”，让其沿着圆圈走1次，S形通过轮胎、标志桶，再回到圆圈；两位小朋友手拉手，各拿1个“鞭子”击打“鸭子”，进行接力

附件8 中班运动游戏干预的主要内容

周次	运动游戏名称	运动游戏主要内容
1	小小控球手	小朋友两人一组，每组1个篮球，相隔一定距离，在教师的示范下进行低手抛球与双手接球；6人作为一组围成小圆，其中1位在圆心，分别向圆上的5位小朋友进行抛接球，轮流进行；进一步扩大活动空间，增加传接球距离；圆心处小朋友每次喊圆上任一小朋友名字，并在圆心运球4次后传给他，同时与他交换位置，依次进行
2	“猎人”与“狐狸”	“猎人”距离“狐狸”2米，在约定好的空间内，根据教师的口令要求，“猎人”追到“狐狸”则为胜利，交换角色，轮流进行；在约定好的空间内，选择两位小朋友为“猎人”，其余为“狐狸”，“猎人”与“狐狸”采用不同的移动方式，如侧滑步、跑跳步、跑步等，“猎人”追“狐狸”，追到后“狐狸”变成“石头人”，之后交换角色；增加“猎人”数量，追更多“狐狸”
3	快乐的“不倒翁”	小朋友坐在垫子上，双手抱膝，下巴贴近膝盖，保持团身姿态，教师示范指导小朋友慢慢向后倒，经腰、背部触地后，腿部发力坐回；鼓励小朋友大胆后倒，经腰、背、肩部触地后，臀部高高抬起，然后腿部发力坐回；小朋友两人一组，边跑跳边唱儿歌，教师利用抛出的大骰子上的数字，提示小朋友完成团身滚动的次数并击掌；尝试后滚翻

(续表)

周次	运动游戏名称	运动游戏主要内容
4	开合开竹竿舞	带领小朋友先练习双手的“开”“合”；配合双脚和双手共同练习；小朋友 3 人一组，两位小朋友负责“开”“关”两根“竹竿”(软管)，另一位小朋友则跟随“竹竿”做双脚的“开”“合”跳，练习几次之后，交换角色进行；根据音乐的节奏，加快或者减慢游戏的节奏；增加为两位或更多小朋友一起完成“开”“合”跳
5	夺宝奇兵	教师带着小朋友在森林里模仿各种动物的动作，如鸭子、大象、猎豹、猴子等动作，进行不同速度、不同重点的跑动；将小朋友分成 3 组，用双脚跳的方法跳在“荷叶”(呼啦圈)上，走过轮胎，最后走上平衡木，拿到“宝石”(海洋球)，快速跑回起点，与下一位小朋友接力；将“荷叶”的间距拉大，把轮胎垒起来，完成夺宝任务，争取更多的宝物
6	“鲨鱼”来了	小朋友分两组，一组小朋友拿着大彩虹伞的边缘，上下摆动制造“波浪”，另一组小朋友在彩虹伞下模仿各种海洋动物游动，相互追逐与躲闪；挑选其中若干位小朋友做“鲨鱼”，钻在彩虹伞下自由游动，“咬”(轻轻触摸)彩虹伞外的小朋友的膝盖，则两人交换角色；彩虹伞外的小朋友可以制造“小波浪”“大波浪”“移动的波浪”等，或者单脚站立制造“波浪”，或者双脚站立等
7	“青蛙”跳“荷叶”	小朋友分成两组，将“荷叶”(呼啦圈)直线无间距相连摆放，依次跳到每片“荷叶”上，最后跳到“池塘”(垫子)里；增加每片“荷叶”的间隔变化；变化“荷叶”的路线，如 S 形、Z 形等；变化单脚跳、双脚跳、跨步跳等形式
8	“小蜘蛛”运粮食	在教师的示范下，小朋友在安全空间内随意进行仰面手脚着地爬(蜘蛛爬)；小朋友直线蜘蛛爬绕过标志桶后继续；“小蜘蛛”在腹部放置“粮食”(沙包)进行运粮游戏，把“粮食”运送到指定地点，中途“粮食”掉了，可捡起继续进行；小朋友分成 4 组，进行直线或者带有障碍物的“运粮食”比赛
9	沙包大作战	小朋友分成 3 组，在约定的活动空间内，捡起地上散落的 20 个沙包放到箩筐中；小朋友分组进行抢沙包比赛(每次抢 1 个)放入自己组的箩筐中，一定时间内看哪组完成多；在约定的活动空间内，要求相同颜色的沙包投到一样颜色的箩筐中，各组小朋友根据沙包的颜色投入“正确的”箩筐中，正确的计 1 分，错误的扣 1 分，约定时间内看哪组得分最高；小朋友分成 3 组，两组进攻，一组防守，集体进行投沙包游戏
10	几何图形跑	教师带领小朋友进行各种图形路线的跑动，如直线、三角形、圆形、四边形等，可以变化跑动的姿势，如马步跑、侧滑步、跑跳步等；将小朋友分成不同组，每组用标志盘完成一种图形的造型；在不同的图形里进行向前、向后、顺时针或逆时针等的听指令跑动，从而认识图形
11	劳作小能手	小朋友分成两组，分别从教师处领取“种子”(海洋球)，放在摆了标志盘的指定区域内，把“种子”稳稳放在标志盘上表示完成一次“播种”，需要在所有的标志盘都放上“种子”；小朋友在两处“播种地”内往复寻找“种子”，并放到自己未被播种的区域中；遇到下雨、打雷的情况时，所有小朋友需要回到起点处；小朋友每一组分为两小组，迎面 5 米处纵向站立，从起点处用呼啦圈套住小篮球，表示“松土”，从起点运送至终点，给迎面的第一位小朋友，然后排在此队伍队尾，由终点小朋友再套住小篮球并牵拉至起点，轮流进行

（续表）

周次	运动游戏名称	运动游戏主要内容
12	玩轮胎	小朋友在安全空间内随意地用自己的形式玩轮胎；将小朋友分为两组，用轮胎搭成两座“桥”，依次慢慢走过去；将其中的部分轮胎搭成“山洞”，小朋友依次爬过去，钻过“山洞”；每组小朋友依次先完成滚轮胎一段距离，紧接着翻轮胎一段距离，最后抱轮胎一段距离，到达终点

附件9　大班运动游戏干预的主要内容

周次	运动游戏名称	运动游戏主要内容
1	跳“房子”	地上粘贴有不同类型的“房子”（格子），请小朋友尝试可以怎么跳，如单脚跳、双脚跳、分/并腿跳、跨跳等；将小朋友分成4组，安排到不同类型的“房子”前，从第一个格子起点，用不同的跳跃方式跳到最后一个格子，脚不可踩线，每组完成后交换场地进行；适当加快速度，看哪一组完成跳“房子”的速度最快
2	数字追逐赛	小朋友分成两组，围绕一个圆心围成里圈与外圈，依次报数，记住自己的数字，根据口令变换顺/逆时针马步跑、跑跳步、侧滑步的动作；教师用英文喊出3～5个数字，对应的小朋友迅速跑到圆心，做规定的动作，如纵跳5次、蛙跳3次、单脚平衡10秒等；教师喊出带加减法的数字，对应的小朋友顺/逆时针奔跑1圈后归位；教师喊出英文的数字，对应小朋友不跑，相邻小朋友，小数追大数（或大数追小数），1圈后归位
3	勇敢者道路	小朋友在安全空间内随意进行大象爬、蚂蚁爬、鳄鱼爬等；将多级体能训练垫从低到高依次摆放，高度不超过小朋友腰部，或者低一高一低依次摆放，高度可超过小朋友腰部，横向距离为3～6米，老师示范双脚垫高的多级体能训练垫爬行；增加可折叠体操垫呈“人”字形立在地面上，形成间隔适中的“隧道”，小朋友用自己喜欢的爬行方式穿越“隧道”，爬过多级体能训练垫；尝试直接靠墙倒立
4	欢乐运球	小朋友分成两组，一组为“建造者”，一组为“捣蛋者”，“建造者”把倒扣着的标志盘摆好，“捣蛋者”则把标志盘倒扣起来，看看哪一组的动作最快，之后交换角色进行；小朋友原地左右换手运球，看看谁的小球最“听话”；小朋友在一定距离内的行进间运球，并在到达终点后绕回到起点；运球投篮比赛，即从起点运球到篮筐处原地投篮，投进为2分，碰到篮筐为1分，其他情况不得分，约定时间内看哪位小朋友得分最高
5	小小搬运工	每位小朋友1个小篮球，在教师示范下，小朋友进行腿部、头部、腰部、膝盖、脚腕等全身不同部位的绕球练习；小朋友自己抛球与完成抛球击掌；进行拍球与拍球转身再拍球的练习；熟练后，两位小朋友一组，每组1个小篮球，行进间听口令运球，抬头看老师的手势运球等；两位小朋友近距离、中距离、远距离准确传球等

（续表）

周次	运动游戏名称	运动游戏主要内容
6	报纸“弹簧人”	鼓励小朋友发挥想象力，将手中的报纸变成各种物品（如雨伞、书本、扇子等）使用；小朋友单脚站在报纸上，跟随欢乐的音乐，进行左、右脚单脚跳，提醒不要跳出报纸；把报纸对折，继续在报纸上进行单脚跳，再继续对折……；单脚跳到其他小朋友的报纸上，做 3 次蹲起后，单脚跳去找其他小朋友的报纸，看在约定时间内能跳到几位小朋友的报纸上
7	快递小能手	两位小朋友一组并排站立，左侧小朋友伸出右臂，右侧小朋友伸出左臂，将小篮球/海洋球放在相邻两臂上，在保持平衡的情况下将球运到指定位置；小朋友分为 4 组，每位小朋友 1 个小篮球，每组的起点放置与该组人数相同的大标志盘并倒扣，盘底朝上，距离 10 米的终点处放置一样数目的倒扣的小标志盘；听老师的信号，第一位小朋友带着小篮球从起点向终点跑跳步过去，并将球稳放在终点标志盘上，再跑跳步迅速返回，依次进行；听老师的信号，第一位小朋友迅速侧滑步到终点，将自己放置的球从终点侧滑步跑向起点，并将球稳放在起点标志盘上，依次进行；听老师的信号，第一位小朋友带着小篮球从起点向终点跑步过去，并将球稳放在终点标志盘上，再跑步迅速返回，将起点的标志盘放回终点，把终点放置在标志盘上的球放在起点的标志盘上，稳托标志盘，跑回起点，依次进行
8	小小牧羊人	小朋友是“赶羊人”，小篮球是“大羊”，“赶羊人”需要通过“鞭子”（呼啦圈）将“大羊”从一头赶到另一头；小朋友分成若干组，迎面站立，每位小朋友双手各拿一个“鞭子”击打在地上的“大羊”，让“大羊”滚到对面小朋友的位置，并把“鞭子”交给队友，自己排到队尾，依次进行；双人手拉手，各拿一个“鞭子”击打在地上的一只“大羊”，进行接力；每组小朋友两人一组手拉手，利用“鞭子”击打“大羊”的方式，将“大羊”赶回各自的区域，最后看哪组小朋友区域内的“大羊”多；加入“羊毛”（海洋球），由每位小朋友单手用“鞭子”赶回“大羊”和“羊毛”，赶回“大羊”得 1 分，赶回“羊毛”得 2 分，最后看哪组得分高
9	“车轮”滚滚	小朋友分组进行滚轮胎接力比赛，看一看哪组最快最稳；练习“不倒翁”的动作，团身后仰滚半圈，再抱腿坐回；教师示范，小朋友在垫子上完成前滚翻动作；教师示范，指导辅助小朋友在垫子上完成前滚翻后的蹲起动作（手可撑地），比一比谁做得更好；尝试连续前滚翻蹲起，有困难的小朋友可在教师的辅助下完成
10	小小探险家	让所有小朋友双脚并好，脚尖踮起站立，每次 10 秒，中途脚后跟不能着地（重心及平衡练习），可先双人再单人；双臂交叉于胸前，抬起一只脚站立 10 秒；闭上双眼双臂伸直单脚站立 5 秒；将小朋友分成 3 组进行探险，探险路上每隔 0.5 米放置平衡石，“探险家”们必须要一次走完平衡石方可过关；挑战后，前面会有一个装满“宝物”的箱子，“探险家”们需要拿起箱子里的两个“宝物”（左右手各一个）走一条有路障的独木桥，通过之后将“宝物”放入箱子中，每组小朋友依次进行

（续表）

周次	运动游戏名称	运动游戏主要内容
11	“大象”爬梯子	教师提醒小朋友在自己的安全空间内随意进行变换方向和速度的手脚着地爬；小朋友分成若干组，每组依次在平放于地面的梯子上爬行，可以变化不同的爬行方式，一定时间内看哪组小朋友使用的爬行方式最多；小朋友用“大象爬”的方式爬行，到终点后原地转体 180 度爬回；不断架高梯子高度，继续爬行
12	击球小能手	两位小朋友 1 组，每组 1 个垂直悬挂的戴绳网球，其中一位小朋友用棒球棒击打摆动中的网球，另一位小朋友伸手抓住，交换角色进行；将悬挂的网球调整到腰部高度，进行双手击固定球、正手击抛落球游戏，若干次之后，交换角色进行；一位小朋友顺着网球摆动方向，把球轻轻甩给对方，持棒小朋友用不同的形式击球，若干次之后，交换角色；两位相互比赛，看谁做得更好